别害怕分歧

[英] 亚当·费尔纳 达伦·切蒂 ◎ 著 梁金柱 ◎ 译
（Adam Ferner） （Darren Chetty）

HOW TO DISAGREE

Negotiate difference in a divided world

中国科学技术出版社

·北京·

How to Disagree: Negotiate difference in a divided world by Adam Ferner and Darren Chetty. /ISBN:978-1-78131-934-5.

Copyright©2019 by Quarto Publishing plc. Text © 2019 by Adam Ferner and Darren Chetty. First published in 2019 by White Lion Publishing, an imprint of The Quarto Group. Simplified Chinese translation copyright 2024 by China Science and Technology Press Co.,Ltd.

北京市版权局著作权合同登记 图字：01-2024-0486。

图书在版编目（CIP）数据

别害怕分歧 / （英）亚当·费尔纳（Adam Ferner），（英）达伦·切蒂（Darren Chetty）著；梁金柱译 . 北京：中国科学技术出版社，2024. 9. -- ISBN 978-7 -5236-0804-3

Ⅰ . B84

中国国家版本馆 CIP 数据核字第 2024SS2359 号

策划编辑	赵 嵘 伏 玥	
责任编辑	孙 楠	
执行编辑	伏 玥	
版式设计	蚂蚁设计	
封面设计	创研设	
责任校对	焦 宁	
责任印制	李晓霖	

出　　版	中国科学技术出版社
发　　行	中国科学技术出版社有限公司
地　　址	北京市海淀区中关村南大街 16 号
邮　　编	100081
发行电话	010-62173865
传　　真	010-62173081
网　　址	http://www.cspbooks.com.cn

开　　本	710mm × 1000mm　1/16
字　　数	127 千字
印　　张	8.75
版　　次	2024 年 9 月第 1 版
印　　次	2024 年 9 月第 1 次印刷
印　　刷	北京华联印刷有限公司
书　　号	ISBN 978-7-5236-0804-3 / B · 180
定　　价	59.00 元

（凡购买本社图书，如有缺页、倒页、脱页者，本社销售中心负责调换）

阅读指南

本书分为5个部分，共20节课，涵盖了如何卓有成效地驾驭分歧的方法。

别害怕分歧

每一课都介绍一个重要的概念。

别害怕分歧

解释如何将学到的东西应用到日常生活中。

在阅读本书的过程中，工具包能帮助你记录已学内容。

别害怕分歧

通过阅读本书，你既可以获得知识，也可以明确人生方向。你可以用自己喜欢的方式阅读本书，或循序渐进，或跳跃性阅读。请开启你的阅读思考之旅吧。

目 录

引言 / 1

第1章　我就是我自己 / 7

第1课　生而为我 / 10

第2课　团体决策 / 14

第3课　自由思考 / 20

第4课　客观事实 / 24

第2章　揭示制度 / 31

第5课　畅所欲言 / 34

第6课　礼貌对话 / 38

第7课　争论、辩论和对话 / 44

第8课　无知 / 48

第3章　理解冲突 / 55

第9课　越俎代庖 / 58

第10课　慢慢来 / 62

第11课　转移话题 / 68

第12课　恐慌 / 72

第4章　建立沟通 / 79

第13课　同舟共济 / 82

第14课　共同用餐 / 86

第15课　幽默 / 92

第16课　教育 / 96

第5章　向前迈进 / 103

第17课　换个空间 / 106

第18课　问题的力量 / 110

第19课　从长计议 / 116

第20课　自我关爱 / 120

参考文献 / 126

后记 / 128

引　言

生活中难免会有意见分歧。它们可能会非常棘手、引发混乱和让人感到不安——但它们也是极其重要的。分歧可能引起的不舒服有时无法回避——而它所造成的混乱往往反映了我们日常生活复杂的性质。分歧是尴尬的——令人感到疲惫和难以应付；但这并不意味着我们必须要避免分歧。

本书不是为了让分歧变得"更和谐"或"更容易接受"，也不是为了化解分歧。我们并不会教你如何"赢得"一场争论，也不打算为你介绍能让你胜过对手的绝妙修辞表达。我们不会深入研究关于辩论哲学的细节问题，例如通过缜密的逻辑，使各种前提环环相扣，从而得出合理的结论。我们也不会建议你将彬彬有礼作为解决之道。有些书会建议你"有礼貌地"提出不同意见，在每次评论后脱帽致意，称呼对方为"先生"或"女士"。在研究如何提出不同意见时，最佳策略是不要口是心非。

这本书的第1章"我就是我自己"，探讨了我们的身份问题。当我们与人交谈时，通常会把自己当作自身之外的理性主体。这种单一的自我概念源自一种非常特殊的传统——并非人人都能接受这种传统。我们将研究对"理性主体"的批评，以及群体性主体的问题。我们还将深入探讨关于自由意志（或自由意志缺失）的现实，以及关于真理的可靠性的辩论。

第2章"揭示制度"着眼于约束我们互动方式的规则。我们将研究由"行为准则"（如良好的礼仪）带来的伦理困惑，以及我们对世界的认知所存在的显著差距——无论其成因是有意还是无意。我们将通过辩论和对话，研究与人交往的不同方式，以及言论自由的意义。

第3章"理解冲突"将研究我们在谈话中的一些失误以及可能造成的伤害。通过欧裔美国人认识论的棱镜——处理知识的哲学分支，我们将探讨恐慌情绪如何会导致对话结束，以及什么是"转移注意力的策略"。我们还将研究为何"打抱不平"会带来问题，以及采取行动可能的适当时机。

在第4章"建立沟通"中，我们将探讨建立沟通桥梁的方法。我们该如何建立与

"我完全赞同意见分歧。虽然我不喜欢反对意见，但有不同意见是好事。当有人有不同看法时，我们会努力达成共识。这很好。"

——罗克珊·盖伊（Roxane Gay）

他人的团结，以及这样做有何价值？"分享食物"或"共同用餐"是一种特别有意思的交流方式——正如我们将在第15课"幽默"中看到的，笑话也可以在拉近人与人之间的关系方面发挥核心作用。

第5章是"向前迈进"。很多时候，对话会陷入僵局。这一章的主旨是探讨四个不同的话题——素食主义、气候变化、安乐死和白人至上主义，因为它们都与现实世界密切相关，我们会探索并展开讨论这些话题，并将它们转移到不同语域的策略。最后一课"自我关爱"探讨暂停谈话和彻底结束谈话时机的重要性。

本书本身就是对话（有时是分歧）的产物。虽然你正在阅读的文字主要是由亚当写的，但它们所表达的思想来自两个人的长谈，在达伦的前厅喝着咖啡和吃着奥利奥进行的这些谈话通常很有意思，有时也很沉闷。对于本书中的话题，我们的意见有相同的，也有不一样的，有的让人开怀大笑，有的也让人闷闷不乐。本书的内容是我们彼此之间以及与我们的出版商商议和谈判的结果。

尽管我们不一定非要达成任何确切的结论或确切的解决方案，但有一个想法贯穿本书始终，我们两人都对其深有同感：分歧是必不可少的。谈论、争论、辩论、讨论……在适当的条件下，这些都会是非常有价值的活动。如果与不同的人、在不同的地方、就不同的观点一起享受这些活动，效果会更好。因此，无论你是否同意本书中的观点，我们都希望至少能提供一些不错的聊天话题。

有效的分
重要的。

歧是非常

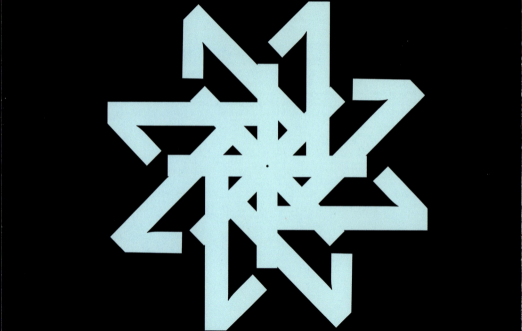

第1章

我就是我自己

第1课 **生而为我**
"理性主体"的概念是由社会定义的。

第2课 **团体决策**
团体和个体以不同的方式执行任务。

第3课 **自由思考**
我们的政治观点是否完全由我们的成长环境所决定?

第4课 **客观事实**
"真实"和"虚假"之间的界限并不明晰。

"虽然我们意见不合，但仍可以彼此相爱，除非你的不同意见源于对我的压迫和对我的人性和生存权的否定。"

——詹姆斯·鲍德温（James Baldwin）

什么样的事情会引发争论？毫无疑问是有争议的事情。但如果从更广义的角度来说呢？比如人类、人群或个人。在本章中，我们将专注于研究事物本质的哲学领域。我们要研究这些特殊实体的特征。人会争斗、交谈、对话和辩论。我们要探讨人的本性，以及人在这个世界上的存在方式。

几千年来，哲学家一直在解释人是一种什么样的存在。无论他们将我们视为本质上"会思考的东西"还是"自身的意识"，每一种解释都离不开我们彼此之间的互动方式。自17世纪以来流行的一种说法认为，人是"理性主体"——有界限的、自我管理的智慧生物，我们只知道自己的想法，对别人的想法一无所知。在第1课"生而为我"中，我们将研究这个看似直观的概念。我们的想法真的如此大相径庭吗？当然有一些情况表明现实情况会更复杂。

我们还将研究由人类个体所组成的更大的实体——群体、社区、一般社会。在第2课"团体决策"中，我们将思考"群体主体"，以及一个群体拥有"意志"意味着什么。社会权力是如何在个人中流动的？一个社会的"意志"能够塑造其公民的行动吗？

在第3课"自由思考"中，我们将审视更广义上的主体。当我们参与对话时，我们通常是基于这样的理解：我们每个人都有能力改变自己和他人的思想。这种理解建立在关于"自由意志"的形而上学假设之上。"我们可以超越自身背景的影响"的想法有多现实？我们是否永远不可能摆脱束缚我们的因果链？

第4课"客观事实"涉及一个在日常话语中经常造成问题的哲学概念：真的概念。人们通常依据什么是"真"或"假"、"事实"或"虚构"、"客观"或"主观"进行争论，而这些想法都是与现实的具体概念相关的。能够决定谁对谁错的客观事实真的存在吗？还是一切都只是相对的吗？

本章希望能说明，我们对事实的渴望，或者我们关于自由意志的想法，是建立在长期的形而上学辩论之上的。每当人们说某些东西是"真实的"，或者为"选择的自由"而争论时，都是在主观假定世界的结构和现实的本来面目。本章的目的就是要仔细审视这些假设，看看它们如何影响人们彼此之间的交往方式。

第1课　生而为我

"如果我是你的话……"

"你又不是我，你理解不了! 你不知道那是什么感觉!"

语言是美好的，但归根结底，语言的作用是有限的。有一些思想、感觉和生活经历，哪怕是在大概的程度上，也是几乎无法沟通的。从上面的对话中，我们可以看到这一点在我们的日常分歧中是如何体现的。

这种看法的核心是: 我是我，你是你，我大脑深处的某些事情、欲望和观点是你无法理解的。

这种想法，即我们是与世界隔绝的互不相干的"理性主体"，在我们的日常生活和政治中随处可见。例如，它支撑着我们的民主投票程序: 每个社会成员都有自己的个人观点（关于谁应该当选），通过在选票的格子上打叉或举手的方式来表达自己的观点。正是这种理性主体的观念使民意调查和问卷调查变得有意义，它们调查人们的想法（因为只有人们自己知道）。正是这种观念使我们在别人声称比我们更了解我们自己的观点时感到震惊。我们会说: "没有人比我更了解我自己。"

这似乎是一种完全正常、几乎自然的看待世界的方式。但是，尽管人类经验中很可能有一些特征体现了"理性主体"的概念（比如我们对个人思想隐私的体验），但美国哲学家艾米莉·奥森伯格·罗蒂（Amélie Oksenberg Rorty）指出，人类经验在历史上曾被以不同方式理论化。理性主体只是其中一种方式。

一个离散的、封闭的、有思想的生物的概念，出现在被称为西方启蒙运动或理性时代的时期。在17世纪和18世纪，以笛卡尔、约翰·洛克和卢梭为代表的哲学家们，对现在具有巨大影响力的人格描述做出了贡献。他们提出了人类自我天性中的界限性，以及人类的理性能力的概念。因此，笛卡尔的《沉思录》（1641）中表达了关于一种理性主体的观点，这种理性主体与其他人相距甚远，他甚至会怀疑自己的存在。在他的名言"我思故我在"中，笛卡尔提出了一种只能确定自身存在的思考主体。他只知自己，不知他人。

德国哲学家康德的思路与笛卡尔一脉相承。在《纯粹理性批判》（1781）中，康德认为，理性是一种人人都拥有的特殊能力，它使我们能够对判断的真实性进行仲裁——从而为自己做出决定。理性使我们能够"自我管理"，或"自主地"行动。

理性主体既不是一个自然概念，也不是一个形而上学的奇思妙想。这个观点的出现是对当时的统治权力（如教会和君主制的制度性滥用）的一种响应。康德将理性主体理解为对自己的思想拥有所有权，拥有意见，并且能够像任何国王或主教一样诉诸理性。

团队里没有"自我"这个概念

理性主体的观点在理性时代获得了巨大的理论影响力，以至于它被具体化——成为现实——并在当时的形而上学体系（对现实结构的哲学描述）中占据了重要地位。康德和笛卡尔等现代思想家认为，除了物质

（如粒子）和质量（如颜色）外，还有这些会思考的东西——自我或人。

然而，在成为一个更实质的实体时，理性主体的政治思想被无疑地模糊了。这至少是批判理论家们的论点。以法兰克福为中心，被称为法兰克福学派的20世纪思想家们，如西奥多·阿多诺（Theodor Adorno）、马克斯·霍克海默（Max Horkheimer）和赫伯特·马尔库塞（Herbert Marcuse），批判了离散思维主体这一看似常识性的概念。

例如，马尔库塞认为理性主体是资本主义经济体系（在这个体系中，私人业主雇佣他人以在市场上获得利润）的一个重要组成部分。在《单面人》（One-Dimensional Man，1964）中，马尔库塞认为一个独特的、自我管理的个人——一个可控的可以劳动和执行各种任务的身体——是市场资本主义社会经济的必要条件。马尔库塞认为理性主体是构建资本主义经济的基石。

后现代和女权主义学者揭示了理性主体其他隐藏的和令人不安的特征。这种主体性的思想是建立在一个特定的理性概念之上的，而这个概念的构建似乎是为了剥夺某些群体的权利。作为启蒙运动的"杰出人物"之一，康德提倡的理性概念与他深刻的种族主义有着不可分割的联系。在《理性的色彩》（The Color of Reason，1997）一

文中，伊曼纽尔·丘库迪·埃泽（Emmanuel Chukwudi Eze）研究了康德的《论人类的不同种族》（On the Different Races of Man，1775）等文章，在这些文章中康德将欧洲白人置于了种族等级制度的顶端。埃泽指出，对康德来说，"普遍人类主体"的意象是一个欧洲白人男子。同样，以吉纳维夫·劳埃德（Genevieve Lloyd）和雷·兰顿（Rae Langton）为代表的女权主义学者也提请注意康德的"理性"是如何与他破坏性的性别歧视密不可分的。他对"知识女性"的态度是可怕的轻蔑——说她们"甚至可能长了胡子"。正如康德和他在启蒙运动中的朋友们所提出的那样，理性隐含着"性别化"的意味。它被理解为是男性的——一种男人（以胡子为特征）才拥有的能力。

因此，认识到我们的自我概念产生的背景是很重要的。虽然在理想情况下，"理性主体"是一个向所有人——主教和农民——民主地开放的立场，但在现实中，它带有关于性别、种族和阶级（以及其他）的假定。

"理性"有其自身的历史。无论我们喜欢与否，这段历史可以让我们了解关于谁是或谁不是理性主体的想法。例如，当女性被指责为情绪化、歇斯底里或不理性的时候，这种想法就会浮出水面。这种想法会影响我们如何看待自己的对话对象以及我们如何回应他们。

第2课　团体决策

　　2016年，英国公众被要求就是否脱离欧盟进行投票。投票结果——48.1%的选民支持"留下"，51.9%的人支持"离开"——被称为"英国脱欧"（Brexit[①]），即英国退出欧盟。公投结束后，负责实施公投结果的首相特雷莎·梅（Theresa May）一再表示，她是在执行"人民的意愿"。这句话让许多人感到不舒服，特别是那些自己的愿望没有反映在结果中的人。在被称为"群体主体"的现象中，有时这是一种不舒服的感觉。

　　个人主体就显得很直截了当。个人有权决定自己的行动，除非受到胁迫或其他限制，否则他们可以做任何他们选择做的事情。然而，在偶尔的情况下，个人主体会聚集在一起，通过共同商议的过程，一起决定事情，比如离开一个由民族国家组成的联盟。这个群体共同作为一个主体而行动。然而，正如英国脱欧投票所表明的那样，这种团体行动可能非常混乱。如果一个民族有一种"意志"，那么它在哪里？这是一种什么样的力量？

　　"共同意志"的概念在18世纪法国哲学家卢梭的作品中以经典的形式出现。在他的《社会契约论》（1762）一书中，卢梭区分了"个别意志"和"共同意志"，前者侧重于个人利益（比如你对冰激凌的渴望），后者侧

---

　　① Brexit 是对英国退出欧盟的一种戏谑说法。《牛津英语词典》于2016年12月将该词纳入。——编者注

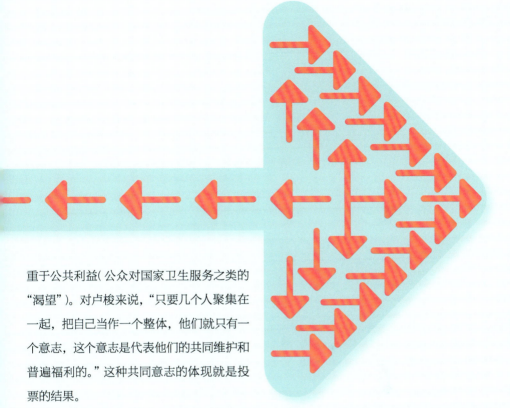

重于公共利益(公众对国家卫生服务之类的"渴望")。对卢梭来说,"只要几个人聚集在一起,把自己当作一个整体,他们就只有一个意志,这个意志是代表他们的共同维护和普遍福利的。"这种共同意志的体现就是投票的结果。

"合理的依据是什么?"

显然,做出集体决定是困难的。当公众对政策的意见存在着巨大的分歧时,"你不可能让所有人都满意"几乎是一个不争的事实。而且这种困难发生在各个层面——国际、国家和地方。无论是在政体内还是企业中,无论是跨国公司还是自由职业者的伙伴关系,人们都有不同意见。

然而,有一些方法可以使团体审议更轻松、更有效。在他的《正义论》(1971)中,政治理论家约翰·罗尔斯(John Rawls)强调了认识不同形式的"实践推理"的重要性。他问道,我们的团体审议是在什么框架下进行的? 或者换句话说,我们应该如何参与民主进程? 只有解决了这样的问题,我们才可以更仔细地共同商讨问题。

多元论者

对于"多元论者"（Pluralists）来说，民主是团体成员基于私人利益的决策问题。个人关注的问题是多元的，每个人在投票时脑子里装着的都是自己关心的议题。这或许包括了与有相同利益的人合作，但没必要。对多元论者来说，除非能促进他们自己的个人利益，否则没有人需要团体成员的相互接触。

这是团体商议中的一种唯利是图的态度。它忽视了我们称之为"共同利益"（common good）的东西。

共同利益

共同利益可以被理解为公共利益（例如受过教育的公众，或愉快的工作环境）和公共设施（例如国有图书馆，或往小了说，办公室的饮水机）的集合。从亚里士多德开始的政治哲学家们认为，公共利益应该是协商式民主的主要焦点。当我们作为一个团体投票时，我们应该考虑到每个人的利益，而不仅仅是我们自己的利益。多元论者立场的一个缺点便是忽视了这种做法。

正如罗尔斯所指出的，我们在不同的背景下要使用不同形式的"实践推理"。例如，在市场环境中，经理们会基于公司的财务状况做出决策，这可能会给竞争对手带来不幸的后果。在这种情况下，"我们的"利益优先于"他们的"利益。然而，罗尔斯认为，在一个理想的民主国家，人们不应该这样推理。

那么，你是如何参与团体决策的？作为一名在竞争激烈的领域工作的商业人士，你或许在一心想要成为领头羊（你自己）。在这种情况下，你的贡献可能是由多元化的理由决定的。那么，当你作为社会的一员投票时——比如说在全国性的选举中，你的投票可能不是出于自我利益，而是为了"共同利益"。

我们可以以不同的方式参与团体决策。然而，有一点很重要，那就是如果我们了解每个人背后的理由，那么团体的决定，即"共同意志"，可能会更容易被理解。想一想你上一次与人的争论：你是否对理由或对如何最好地实现既定目标有异议？

如果一个
种"意志",
哪里？

民族有一

那么它在

第3课　自由思考

想象一下，你在和你的爷爷聊天，他说了一些歧视变性人的话。后来，你妈妈为他开脱道："他们那一代人就这样。"她甚至可能说，"这不能怪他，他就是这样长大的"。

你妈妈这样说，是使用了被称为"决定论"的形而上学理论，偶尔也被称为"因果决定论"。这种理论认为所有的事件都早已完完全全、彻彻底底地注定了，或由先前的事件决定了。这是一种直觉的立场。我们知道世界是根据特定的物理定律运行的，事情是有因果关系的，是先前事件的结果。因此，我们会假设，只要有足够的信息，（理论上）我们就可以想象出我们所有行为的结果是什么。这也包括人们的行为。爷爷对变性人的歧视或许是他在一个歧视变性者的社会中成长的直接和必然的后果，就如同你对狗的恐惧可能是小时候被狗咬过造成的必然后果一样。有因必有果，这是有道理的。

当然，由于我们对世界的了解有限，我们永远无法真正预测未来。但原则上来说，这可能正是你妈妈为了替你爷爷开脱所需要的理由：这不是你爷爷的错，他只是他那个时代的产物。

还有别的方法可以让我们自己远离我们的行为。我们经常挂在嘴边的是被"时代思潮"或"时代精神"所影响。这些说法来自18世纪德国哲学家中所流行的，被称为"历史决定论"（Historicism）的哲学传统。历史决定论认为，我们的行为是宇宙意志的表达。德国思想家黑格尔认为，个人行为是这种"世界灵魂"，或普世"精神"（geist）的表现。

这种说法很奇怪，对吗？大多数时候，我们倾向于相信我们的命运掌控在自己手中，而不是由某个全知全能的神灵掌握，或者是物理宇宙缓慢运行的结果。这种决定论的思维与我们在争论和对话中互动的方式不一致。我们认为自己可以用论据（也许加上一点修辞）来说服他人——或被他人说服。我们认为自己可以进入一个看似决定性的世界，对自己和他人施加控制。

我们是在自欺欺人吗？想一想，你上一次在谈话中改变自己的想法——或者别人因为你说了什么而改变了他们的看法——是什么时候？自从你的观念在童年形成后，其中有多少观念是你会主动去反思并摒弃的？

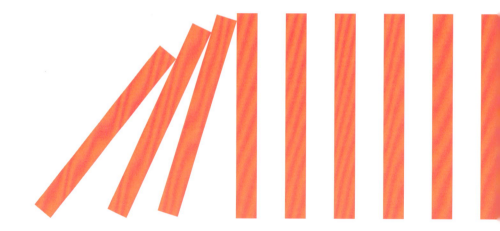

"为自己着想"

我们的性格是否从出生的那一刻起就已经定型？在19世纪初，以弗里德里希·威廉·约瑟夫·冯·谢林（Friedrich Wilhelm Joseph von Schelling）为代表的"浪漫主义者"（Romantics）认为我们对自己的理解是一个自我发现过程的结果。通过自我研究、内省和经历某些有意义的遭遇（像看到大海和高山这样令人敬畏的东西），我们发现了自己。谢林认为，有一些真正的本质，使你成为你。你或许是一位英雄或一个懦夫，一个恶棍或一位圣人——无论你是什么，有一些内在的核心被烙印在你身上，等待着被发现。

这种思想是决定论世界观的一个绝佳补充——但它不像某些形式的"硬决定论"那样成为宿命论。浪漫主义者的生活并不只是按照宇宙蓝图毫无乐趣地展开。浪漫主义者是一种"相容论者"，他们认为决定论与一定程度的自由是兼容的。固然，浪漫主义者认为，自我是早已存在的，由天性决定，但这并不意味着我们就什么也不能改变。我们是什么人应该由我们自己去发现。我们可以根据自己的本性行事，并培养我们的本性。浪漫主义者认为，人类可以是自由的，就像河流一样，可以自由地流淌，或者像气球一样，一旦没有了束缚，就可以自由地飞向天空。

与浪漫主义者相反，"存在主义者"（Existentialists）——如德·波伏娃、萨特和弗朗茨·法农（Frantz Fanon）——认为相容论是一种有限的自由形式。这些活跃在20世纪的思想家不太注重自我发现，而是更注重自我创造。他们的口号是"存在先于

本质"。人先有存在，然后再决定存在的方式。人可以决定以什么身份存在，成为谁。存在主义最激进的观点认为人可以完全不受自身教养的束缚。人可以完全挣脱把自己带到这个世界的因果链。

如果这些立场——浪漫主义和存在主义——让你觉得过于极端，那么当你知道这还有一些哲学家居于这两者之间时，会大感欣慰。哲学家和文化理论家奎迈·安东尼·阿皮亚（Kwame Anthony Appiah）就是其中之一。他认识到了承认人出生的环境、享有的待遇和遭受的苦难的重要性，但他同时也否认了人们必须由这些事实来定义。他认为，人给自己下定义就是一种自我建构的创造性行为："生活就是用个人经历赋予人的材料来创造的。"

耶鲁大学的哲学教授塞拉·本哈比

（Seyla Benhabib）也有类似的观点。她认为，人不仅仅是因果链的延伸。人"既是作者同时也是演员"。人的身份不是一个预先制作好的工艺品，也不是自然产生的问题。它是这两者的创造性结合。

这些关于自由意志的不同思想之间串联着一条共同的主线。任何形式的主体都需要努力，都必须发挥主动性。如果你不这样做，而且选择坐视不管，不审视自己，那么你最终就会成为因果链的被动延伸——你所处的时代的产物。对话是这些自我探究的一个关键因素。与他人有来有回的交谈使你能更好地了解自己的界限、自己的兴趣，以及你能和不能做出的改变。

第4课　客观事实

想象一个人人都在撒谎的世界：你在午夜时分问别人时间，却被告知现在是中午。你找人问路，却被告知要向左走而不是向右走。这是一个什么样的世界？一个混乱不堪的世界。当我们彼此交谈时，我们需要谈话的对象说真话。

但究竟什么是真？一种普遍的观点认为，关于真和假的各种定义都依赖于这样一个假设：有一个不依赖于我们想象的真实的外部世界存在。草是绿色的，或者水是由氢元素和氧元素组成的，这些说法为真——它们是事实，如果它们准确地映射了外部世界的这些特征的话。

对于"现实主义者"（realist）来说，世界可以满足我们的期望，也可以让我们失望，这不以人为意志而转移。水的元素组成不是一个意见问题（它不是"主观的"），现实有最终的决定权（它是"客观的"）。

当然，有不同种类的事实，"真"和"假"适用的领域也有所不同。有些事实比其他事实更具争议性。科学事实似乎相对直观一些。例如，通过实证研究（通过你的感官），你就知道人类需要水才能生存。如果不冒着脱水的风险，这是一个难有争议的事实。但是其他领域的事实又如何呢？关于一件艺术品是否美丽，是不是一个事实？并不是每个人都喜欢"蒙娜丽莎"。道德方面的情况又如何呢？外部世界中是否也存在着道德事实？你是否认同像柏拉图这样的"道德现实主义者"的观点，认为我们可以发现客观的道德真理——比如杀害无辜者是绝对错误的，就像我们可以发现关于水的元素组成一样？

真理、客观性和事实的概念是令人困惑的。以朱迪斯·巴特勒（Judith Butler）和布鲁诺·拉图尔（Bruno Latour）为代表的"后现代主义者"（Postmodernists）已经表明，这些概念也可能带来政治上种种麻烦。他们批判了他们眼中的"普遍真理"的思想，并表明客观性的思想在历史上是如何被用作压迫工具的。后现代主义者宣称，"所谓事实，不是被人发现的，而是被制造出来的"，是某些人为了实现控制其他人的目的而炮制出来的。

鉴于对客观性和真理的主张可能被滥用，也许最好的办法是直接宣布："一切都是相对的！""一切都只是看法问题！"这似乎是后现代主义者引导我们的方向，但这种思想也有它的问题。

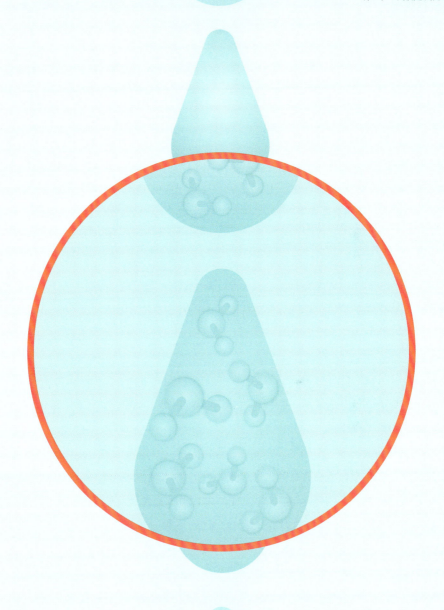

"后真相时代"

如果你不是一个现实主义者，你可能就是一个相对主义者。对于相对主义者来说，像真、善、美这样的东西是相对于某种参照系而言的——而且在这些相互竞争的参照系之间没有绝对的判断标准。例如，在一种文化中被认为是有礼貌的行为（用手帕擦鼻涕），在另一种文化中可能被认为是令人厌恶的。或者在某些国家被认为是道德上可以接受的行为（吃死动物的肉），在其他国家可能被认为是不可容忍的。水的沸点通常被认为是100摄氏度，但在某些情况下（例如，当水中的氧气被抽走时），沸点可能会非常不同。这都是相对于参考框架而言的（如文化、背景条件），没有一个总体框架可以让我们判定一种制度比另一种更好。

在政治理论家汉娜·阿伦特（Hannah Arendt）的作品中可以看到这样的思想，即真理在某种程度上对于我们保护自己免受不公正待遇至关重要。在她1951年出版的《极权主义的起源》（*The Origins of Totalitarianism*）一书中，阿伦特将事实和虚构的模糊化与极权主义的兴起归结到一起。阿伦特认为，极权主义的威胁之所以产生，是因为事实构成了不能更改的外部点，个人可以用其解决争端。如果我们不再知道什么是真的、什么是假的，如果我们开始承认现在所谓的"替代事实"，那么那些当权者就更容易对我们施加控制。

比如说，你和我在争论水是否由氢元素和氧元素组成。这是关于一种物质的"事实"，是我们可以去实验室验证的东西。水（H_2O）是由氢元素和氧元素组成的，所以这个分歧可以得到解决。然而，想象一下，有人说所有的化学家都是不可信的，化学是一个骗局。我们就会面对从另一个知识体系中出现的"替代事实"。根据我们对这个人和这种"知识"的信任程度，真假之间的界限将变得模糊。

后现代主义者向我们展示了"客观"和"真理"这样的概念是如何被用来压迫边缘化群体的。例如，声称女性的智力不如男性的正是所谓"客观"的西方科学。阿伦特认为，这些同样的概念对于我们抵制那些同样的压迫力量是至关重要的。科学为我们提供了可靠的、客观的证据，使我们能够挑战性别歧视和厌恶女性的观点。

这或许只是一个事关看法的问题。但无论你最终属于哪种情况，事实是，真理对每个人显然都很重要。无论你认为真理是相对的，还是硬性的，都会影响你与他人交谈的方式。

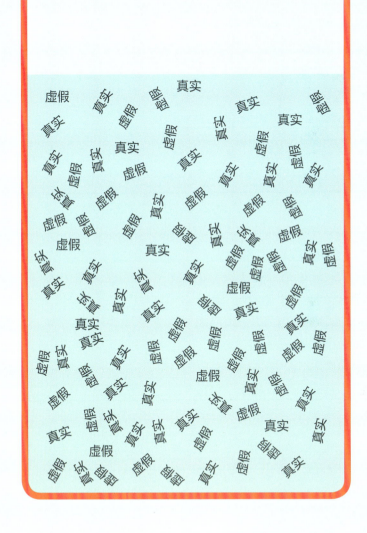

工具包

01

历史上，理性的概念将一些主体定位为比其他主体更"理性"。面对分歧，考虑你和你的对话者是否都认为对方是"非理性的"。这些观点是以争论为基础，还是以你的行为方式为基础呢？

02

我们通常认为，团体拥有"共同意志"。我们往往认为他们可以制定决策并进行团体行动。争论时，你把你的伙伴看作一个人还是一个团体的代表呢？问问他们是如何看待你的。

03

有些人认为我们只是"环境的产物"，所有完全由因果关系决定。虽然我们认识到观念是如何从特定的信仰体系中产生的是有用的，但认为某人一定会持有什么样的观点，会给对话带来障碍。

04

人们经常对什么是真的和什么不是真的持有不同意见。然而，相对论者认为，"真理"只是占主导地位的群体的意见。在争论时，你相信自己所说的话对所有人都是真实的吗，还是仅"对你自己而言"是真实的?

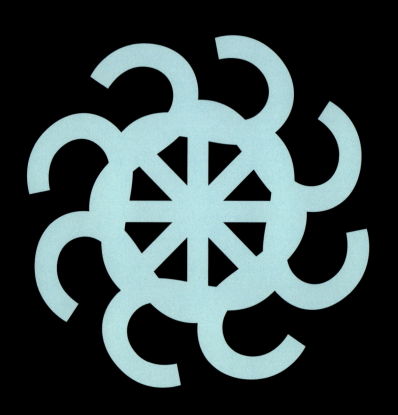

第2章

揭示制度

第5课　**畅所欲言**
"言论自由"可能对某些人更有利。

第6课　**礼貌对话**
"礼貌"可以是一种控制他人的方式。

第7课　**争论、辩论和对话**
三者有何不同?

第8课　**无知**
无知不仅仅是缺乏知识。

"特权的本质就是不断寻找更隐蔽的藏身之处。"

——伊丽莎白·斯佩尔曼（Elizabeth Spelman）

人类是社会性的动物。我们在一起谈天说地。在进化过程中，我们已经发展出了许多不同的方式来相互沟通。有各种帮助我们彼此联络的系统，可以向朋友、家人、同事和陌生人传达我们内心的想法。

除了丰富多彩的数字技术（短信、电子邮件等），我们还有帮助我们彼此交谈的社会传统，这些传统都经历了时间的检验和测试。我们清楚哪些东西会有助于或妨碍愉快的对话。大喊大叫是谈话的禁忌。优秀的谈话者是平心静气、彬彬有礼的。我们有各种系统，这些系统是有效的。本章的目的是要更深入地研究这些对话系统。组织它们的背景思想是什么？构建我们交流的社会态度和假设是什么？

即使是对新闻的粗略调查也可以看出，虽然社会渴望"自由和公开的辩论"，但有些人可以比其他人更自由和公开地发言。在第5课"畅所欲言"中，我们探讨了著名的"言论自由"的概念，并研究了它如何适用于不同背景下的不同人群。它是否真的像我们预期的那样坚持"平等"？

第6课"礼貌对话"集中讨论了一种似乎毫无问题的谈话美德：礼貌。相互之间以礼相待一定是好事吗？没必要恶语相向对吗？在这一课中，我们将跟随玛丽·沃斯通克拉夫特（Mary Wollstonecraft）等哲学家，研究礼貌是一个深刻的政治概念，经常被用来赋予一些说话者以权力，让其他人沉默这一思想。

究竟什么是争论？这是第7课"争论、辩论和对话"探讨的根本问题。通常情况下，争论被描述为争斗。我们将研究充满火药味的争论的好处，并探讨一些替代方案。

在本章最后一课"无知"中，我们将研究我们对世界的理解如何会出现差异。无知通常被理解为一种被动的现象——一种缺失，一种空虚，一种单纯的知识缺乏，但在这一课，我们想探究它是不是一个有意的、主动的系统，用于压制某些观点和延续不公正的制度。

人类是社会性动物。但我们也是容易犯错误的、容易造成误解的动物。很可能我们的沟通方式并不像我们想象的那样有用，也不像我们想象的那样有效或公平。本章将探讨这些有漏洞的系统可能需要修复的地方。

第5课　畅所欲言

"你不能这么说！"

"言论自由"在民主社会中被认为是无比重要的。我们喜欢能够说出自己的想法，而不会被要求闭嘴。公民愿意交流他们的思想，是健康的民主制度的一个标志。

尽管我们重视言论自由，然而，有时我们可能会觉得有必要对人们的言论进行限制。遗憾的是，我们并不总是清楚这样做的合适时机。看电影的时候，可以要求说话的人闭嘴吗？一个蹒跚学步的孩子可以在安静的车厢里叫嚷吗？或者当你听到有人发表煽动暴力的言论时，可以要求他们闭嘴吗？

大多数社会奉行的原则是"伤害原则"（the Harm Principle）。我们在约翰·穆勒（John Stuart Mill）的《论自由》（1859）中可以看到关于这个问题的经典表述："对文明社会的任何成员，正当地行使违背其意愿的权力的唯一目的是防止对他人的伤害。"

伤害原则允许我们对他人行为进行干预。例如，如果一个演讲者打算挑起仇恨的时候，那么煽动对某一团体实施暴力的言论必然是有害的，因此应予制止。

很多与此相关的辩论都集中在对什么应该或不应该被认为是"有害的"的问题

上。一些哲学家有一种更广义的观点，认为"有害"应该包括象征性的伤害——比如说根深蒂固的冒犯性的刻板印象。一些人的概念比较狭窄，主要关注身体伤害——如果一个"言论行为"对他人的安全构成直接的身体威胁，那么它就是有害的。持这种狭义概念的人有时被称为"自由主义者"（Libertarians），因为他们认为言论应该尽可能地自由和不受约束。他们认为，人们应该自由地想说什么就说什么。

自由主义者认为，在理想的社会中，我们可以接触到尽可能多的思想，并且可以自由地"相信"我们认为有说服力的思想，而不会受到家长式的影响。

自由主义者对此表现出了耐人寻味的乐观。有一种假设认为监管是不必要的，因为人们会被进步的思想吸引，进而排斥退步的思想。但最好的思想次次都能"赢"吗？那它们到底是谁的思想呢？

我们不妨把市场的比喻延伸一下。在世界各地，小零售商们正在被超级市场所取代。这些超市提供各种各样的商品，但鲜有本地出产的农产品。结果，当地商家的店铺越来越少，在某些情况下还会倒闭。思想的市场很热闹——但出售的思想不一定来自"本地"的少数人的观点。如果少数人的观点"销路"不好，结果会怎样呢？就像在超市里一样，一些商品会比其他商品更受欢迎，而且在自由主义者的观点中，边缘人的利益会被排除在外，这是一种非常现实的风险。

说出你的想法

有害的观点是一回事，但对于有害的问题该区别对待吗？有一些事情是不是不应该拿来"辩论"？

自由主义者会允许这样的人提出几乎任何问题，可能是为了暴露他们思维中的错误，使真相总会大白于天下（自由主义者宣称）。然而，对自由主义的批评者们担心，人们往往会无视相反的证据，固执己见。我们都经历过这样的辩论：参与者顽固地无视相关的事实或论点，拒绝改变自己的想法。

如果通过公开辩论——在电视上或在大学校园里，令人不安的、非人性的观点最终被传播给越来越多的听众，那该怎么办？

这种不良信息的传播会影响到一个叫作"奥弗顿之窗"（the Overton Window）的东西的转变。这个以美国政治学家约瑟夫·奥弗顿（Joseph Overton）的名字命名的"窗口"，囊括了公共话语中所容忍的一系列想法。

我们也要考虑到这种讨论对那些人性受到质疑的群体的影响。从弗朗茨·法农到德·波伏娃，哲学家都记录了历史上这些辩论对有色人种和妇女造成的普遍的情感和心理创伤。以谢利·特雷曼（Shelley Tremain）和伊丽莎白·巴恩斯（Elizabeth Barnes）为代表的哲学家们证明了同样类型的问题是如何伤害残疾人的。

也想想这个群体的人们在进入所谓的

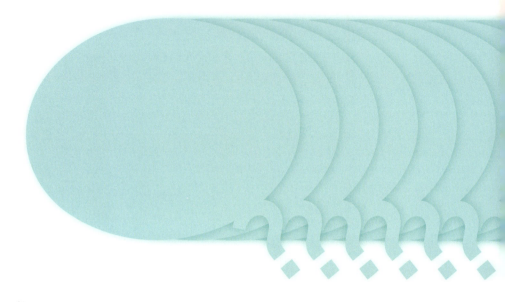

平等主义的"思想市场"时所面临的困难。他们已经处于边缘化的地位——缺乏媒体资源和资金，所以他们需要付出相当大的努力才能让自己的观点被听到。即使他们没有被辩论彻底耗尽精力，他们也会像学者兼活动家奥黛丽·洛德（Audre Lorde）所指出的那样，被剥夺了从事其他项目的精力："这是一种持续的精力消耗，这些精力本可以更好地用于重新定义我们自己，为改变现状和构建未来提出实际的方案。"

在这里，似乎自由主义者关于开放论坛的想法，即所有的思想都能被平等地表达和听取，并没有经得起推敲。考虑到这一点，你很可能被说服（在某些情况下），为被称为"无平台"的做法辩护。不设平台，或称"去平台化"，是一种抵制形式，即一个组织决定不给某些发言者提供平台。像乔纳森·海特（Jonathan Haidt）这样的自由主义者认为，这种做法造成了一种环境，在这种环境中，个人被不必要地阻挡在挑战性的辩论之外。相比之下，莫伊拉·魏格尔（Moira Weigel）认为，不提供平台是至关重要的，可以保护受压迫者免受主导群体的象征暴力和情感暴力。

有些讨论是否过于有害？有些声音应该被压制吗？无论你对这些问题的看法如何，备受推崇的言论自由原则显然比最初看起来更有争议性。

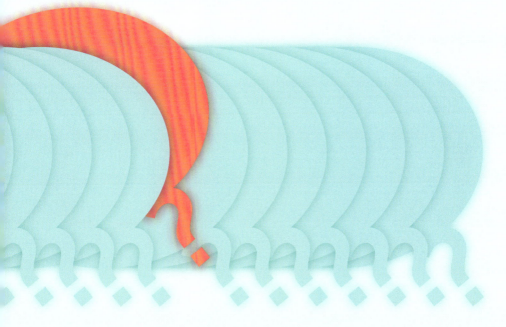

第6课　礼貌对话

我们经常被告知，与人交谈时，有礼貌很重要。要注意言行举止（不管它们是什么）。人们认为，礼貌对于富有成效的对话是必要的。礼貌就是遵守一个看似常识性的行为准则——不说脏话、不要扔食物、不要犯困等。这种准则鼓励我们倾听，例如，不要抢在别人面前说话，促进理解——与之相反的是大喊大叫，或吃东西的时候讲话，这通常会让对话不欢而散（或至少严重影响对话）。

而礼貌则开启了对话的大门。文化历史学家指出，礼貌的概念在18世纪初开始崭露头角，取代了英国的礼仪规范——人们根据自己的地位表现得举止得体。特定类型的行为只适用于特定阶层的人。与礼节不同，"礼貌"是一种明显的民主原则。正如法国小说家玛德琳·斯居黛里（Madeleine de Scudéry）所说，礼貌"是希望让人不要成为谈话中的暴君"。也就是说，礼貌是一种让每个人的声音被听到的方式，是让每个人

"轮流说话"的方式。

所以礼貌似乎是一种美好的对话美德，对吗？不是每个人都这么认为。18世纪的哲学家玛丽·沃斯通克拉夫特认为礼貌只不过是虚伪和自我主义的遮羞布。从词源上看，"礼貌"与"抛光"一词同源，暗示着一种表面的光滑——外表的光鲜亮丽。我们发现自己经常处于这样的境地：侮辱或尖刻的话语被包裹在礼貌的薄薄外衣下偷偷地进入对话。例如，有些看起来很有礼貌，甚至是鼓励性的恭维话，但实际上却具有令人难以置信的消极攻击性："恭喜你！真没想到你也会得到晋升！"

礼貌是一种美德吗？没有了礼貌，社交的齿轮是否就会蒙上尘土，而礼貌就如同是给这些齿轮抹上了润滑油，从而促进了社会的和谐？"让你说话时你再说话"的训谕不过是对主导权和控制权的主张吗？当你指责别人"粗鲁"时，你真正反对的是什么？

你怎么敢？！

美国语言学家罗宾·莱考夫（Robin Lakoff）在她的文章《礼貌的逻辑》（*The Logic of Politeness*，1973）中写道，礼貌的行为是由三条格言体现的：不要强加于人；提供选择；让对方感觉良好。后来的理论家对这些格言进行了扩展，显示了"礼貌的行为"还可能包括夸大自己的兴趣或同情心、避免分歧以及给予过多的尊重。这些都是我们熟悉的对话策略：对不理解的东西要诚恳地点头，咬住舌头以避免争论，或者允许别人抢在你面前说话。这些都是久经考验的方法，可以使谈话顺利进行，最终（我们被告知）获得轻松的生活。

遗憾的是，虽然遵守这些格言可能有助于保持社交平衡，防止情绪过激，但它们不一定能促进诚实。礼貌或许能确保对话顺利进行，但它将良好的社会关系置于真理之上。由于担心这一点，一些教育哲学家建议，有成效的对话必然涉及一定程度的摩擦。他们认为，有些话题会让我们感到尴尬，而我们体验到的不舒服的感觉是一个信号，表明我们离重要的话题越来越近。对于像梅根·博勒（Megan Boler）这样的哲学家来说，苏格拉底在柏拉图的《道歉书》（*Apology*）中被形容为一只"牛虻"并不是无关紧要的——他四处煽风点火，刺激他的对话者，使他们陷入谈话的狂热。苏格拉底根本没打算让他们感到舒服自在。

以苏格拉底为榜样，博勒提出了她所谓的"不适感教学法"——一种积极处理对话中不舒服的情绪层面的教学方法。她认为，愤怒、恐惧和尴尬可能是心理上的防御，我们有意识或无意识地构建这些防御，以保护自己，避免去了解某些事情。这是一种我们熟知的策略。我们都见过人们如何摆脱尴尬的谈话，拍拍手说："不管怎样！""继续！"然后轻快地转移到一个更"礼貌的话题"上。

在加州大学伯克利分校的哲学家宙斯·莱昂纳多（Zeus Leonardo）的工作基础上，博勒专注于研究"与尴尬共处"的方法。她认为，问题不在于不舒服的感觉，而在于不灵活和僵化的自我意识。我们太专注自己和我们的自我形象，而没有认识到不舒服实际上是与对话中的其他参与者共享的，一种群体动力学的功能。

　　我们不应该礼貌地继续谈话，而是应该忍受这种不适，并把它作为一种表明我们正在受到有益的挑战的迹象。这并不意味着我们在讨论困难的话题时可以随心所欲地说话或做事，比如表现出粗鲁、粗俗或其他无礼的举动。对礼貌的批判并不意味着我们应该假定"真刀真枪"地干。那只会让事情变得更加复杂。对礼貌的批判鼓励我们思考应该对我们的对话者表现出何种程度的体贴。他们要求的体贴程度（更礼貌的语气）是否高于你认为他们应该得到的？如果答案是肯定的，或许你可以开诚布公地协商这种期望。当有人试图通过指责你很粗鲁来结束谈话时，不妨问一问对方"为什么"。

不舒服的感

号，表明我

话题越来越

觉是一个信
们离重要的
近。

第7课　争论、辩论和对话

为什么看似理性的人们会相互争论？

有时，是因为我们想要找人吵一架。我们过了很不顺心的一天，争吵是一种发泄的方式。我们只是特别倒霉，所以我们对某人大发雷霆，以此作为一种发泄的方式。

也许这是因为我们希望人们同意我们的观点。我们相信自己是对的，并希望别人"明白道理"。或者，也许我们只是想要一些东西——比如说晚餐吃比萨，而争吵是让别人顺从我们意见的一种方式。

不管人们的动机是什么，争吵总是令人不愉快的。它们可能是令人疲惫和可怕的。但它们也可以是令人兴奋的，甚至是扣人心弦、惊心动魄的。对于它们可能造成的所有

伤害，人们实际上表现得乐在其中或至少被它们吸引。这种迷恋并不是一种现代现象。自古以来，争吵就被视为一场好戏。随着社交媒体和真人秀节目的兴起，公众的对抗、争论和争吵多得让我们应接不暇。

在我们的争论方式中，经常会有一些角斗士式的东西。在政治和法律领域，争论通常被认为是形形色色的知识分子为争夺最高权威而进行的战斗性的交锋。一场"政治辩论"通常包括两个以上的立场，有人提出这些立场，有人"捍卫"它们。这就是语言学家黛博拉·泰南（Deborah Tannen）所说的"争论文化"——在"反复交锋"之后才能达成决定，在对立的立场之间摇摆不定。

遗憾的是，正如越来越多的哲学家所认识到的那样，这些互动并不是特别有成效。如果你坚持"不惜一切代价"捍卫自己的原始立场，你就不太可能以一种有意思的方式取得进展。

相比之下，想想如果参与者愿意改变自己的想法并认真了解另一个人的观点，争论会如何展开。提出问题和转变立场是"对话"而不是"辩论"的特点。正如教育家亚当·莱夫斯坦（Adam Lefstein）在他的论文《对话式教学》（2006）中所说的那样："对话需要在我自己和他人的视野之间来回移动。为了能与他人交流，我会在对话中与自己的偏见拉开距离，暂停它们。"

对话不是那种你要争一个"输赢"的事情，但如果对话进展顺利，就会为所有各方带来知识和理解。

"争论"，在口语化的意义上，是你"主动争取"的东西。它是一种对抗性的交流。这就是我们在辩论中看到的那种争论。

然而，当哲学家们看待争论时，他们通常想到的是线性的推理过程，它通过一系列的前提引向一个结论。后一种意义上的争论是可以"建立"或"构建"的东西。它可以是一种合作行为，也可以是一种从对话中产生的有益的东西。

对话而不是辩论

当我们争论时，我们往往专注于实现教育哲学家尼古拉斯·伯布勒斯（Nicholas Burbules）所说的意见"趋同"（与"分歧"相反）。其目的是让我们的伙伴的想法与我们自己的想法趋于一致。这带来了政治理论家尚塔尔·墨菲（Chantal Mouffe）所说的"共识"——一种和谐的协议，即每个人都"同意"持有一种特定的观点。辩论通常以这样的想法为前提：从社会角度来说，不和谐和异议是需要通过以共识为中心的对话来克服的问题。这种想法认为，在我们的个人生活和政治中，我们应该衷心地达成一致。

墨菲在她的《民主悖论》（*The Democratic Paradox*，2000）一书中不同意这种观点。她不鼓励"共识政治"，主张将冲突置于话语的核心，她将这种哲学观称为"竞争主义"（agonism）。除非是在危险的极权主义社会中（即要求其全体公民"同意"），否则社会还是需要能够就"不和与异议"展开协商。意见分歧既是可能的，也是富有成效的。与旨在达成共识的争论相反，对话包含了激动人心的（如果不是敌对的）态度。

然而，对墨菲来说，激动人心的对话不仅仅是礼貌地"求同存异"的问题。对话不是关于包容他人的信仰和避免对抗。这种

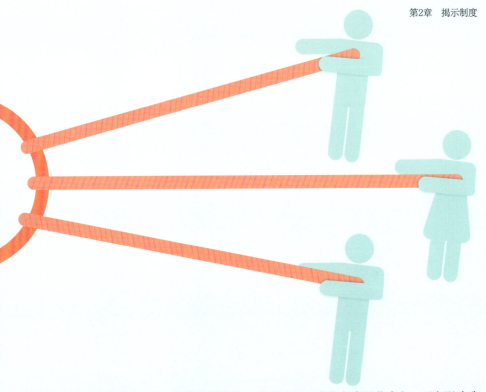

思想在政治哲学家约翰·罗尔斯的"理性多元主义"（reasonable pluralism）中被正式提出，它表明，只要这些态度是"理性的"，那么观点的"多元化"就没问题。对罗尔斯来说，"理性"意味着不把自己的观点强加给别人。对墨菲来说，"理性"本身就是一个产生于特定知识背景下的伦理原则。像"有礼貌"一样，理性是一种政治态度——通常意味着"同意现状"。对罗尔斯来说，它是一个指导性原则。对墨菲来说，它本身应该是可以讨论的。

想一想，你每次听到有人说"要讲道理"，而他们实际上的意思是"闭嘴"。墨菲

的观点是，这类主张远非中立，不应影响我们彼此之间的互动方式。

那么，我们该怎么办呢？在电视辩论和工作场所的争论中看到的针锋相对的对决，其目标明确，让人忍不住想看，但最终还是无成效。但是，机械的点头和麻木不仁的同意也是不可取的。虽然听起来令人不快，但"竞争主义"是介于两者之间的一个有趣的中间地带，它承认并鼓励人们之间不可避免地相互摩擦。

第8课 无知

我们经常在"完全掌握事实"的情况下陷入争论。例如，也许你还在抱怨朋友忘记了你的生日，却不知道他们为你组织了一个惊喜派对。或者，你批评一个同事在董事会会议上无精打采，却不知道她刚和男朋友分手了。

一旦别人给你解释清楚了，你会说："对不起，我不知道！"

从亚里士多德到琳达·扎格泽布斯基（Linda Zagzebski）的哲学家们都写下了长篇大论，讨论我们究竟该如何认识各种知识。事实上，学术哲学有一个完整的分支专门讨论这个话题，被称为"认识论"（epistemology）——源自希腊语的"知识"（episteme）和"研究"（logos）。哲学家们热爱知识，他们喜欢拥有知识，他们也热衷于讨论知识。

相比之下，无知得到的关注要少得多。传统意义上，无知被视为知识的反面，长期以来，无知被认为是一种缺失或缺乏——原本应该存在知识，却空空如也的状态。然而，近年来，认识论者开始重新审视我们对于无知的定义，认为这种现象比以前的假设更为复杂。此外，他们认为，无知的结果

会对我们彼此交往的方式产生影响。

无知有不同的含义。例如，考虑一下柏拉图对话中出现的"单一"和"双重"无知之间的区别。单一无知有时被称为"苏格拉底式无知"，是指知道自己不知道什么。苏格拉底有句名言："我唯一知道的事就是我一无所知！"相比之下，双重无知指的是你甚至没有意识到自己的无知。

当你听到有人说"我没想到"时，他们其实是在承认有一个他们没有接触过的知识领域。当你听到有人说"根本没那个东西"时，他们是在否认一个可能存在问题的领域（他们对此一无所知）。前者是单一无知的情况，后者是双重无知的情况。

重要的是，双重无知的人比单一无知的人更不可能对其他观点持开放态度，因为他们甚至不承认其他观点的正确性。他们拒绝承认有什么东西值得让他们学习，这造成了争论中的障碍。当你的对话者不承认你们之间存在意见分歧时，分歧就更麻烦了。

如果进展顺利的话，对话可以实现一个功能，那就是帮助把双重无知变为单一无知。这是一种"意识提升"的形式——提高谈话对象对一个他尚未认识到的问题的意识。然而，将双重无知减少到单一无知的过程往往是一个困难的过程，因为它通常要求某人的世界观发生巨大的转变。

这只是常识而已

传统观念认为无知是被动的，与之相反的是，一些哲学家认为无知可能是主动的和动态的。米歇尔·姆迪-亚当斯（Michele Moody-Adams）和维维安·梅（Vivian May）探讨了"故意的"无知。虽然这是一种双重无知的形式，但它并不是简单地缺乏关于知识的知识——它是一种主观故意的状态，通常形成于一种特殊的文化教育。

在文章《天堂里的创伤》（*Trauma in Paradise*，2006）中，梅写道："有许多事情，多数群体被教导不要去知道，被鼓励不要去看，而特权者则从这种不知道的状态中获益。"

有无数的例子表明，人们热衷于不知道本身，并且采取行动来保持他们的无知。我们中的许多人每天都在这样做。想象一下，有人提出你最喜欢的冰激凌品牌是血汗工厂的产品。你可能会主动忽略这一信息，继续吃你美味的冰激凌。

批判种族理论家查尔斯·米尔斯（Charles Mills）和琳达·马丁·阿尔科夫（Linda Martín Alcoff）研究了一个相关的概念——"白人无知"。这是一种故意无知的形式，得到了种族主义、"白人至上"社会的支持和认可。哲学家扎拉·贝恩（Zara Bain）指出，学校系统积极延续某些形式的无知，使白人受益而有色人种受损。例如，英国历史教学大纲将亨利八世的知识置于大英帝国的殖民暴行之上的方式。有关英国不光彩的种族主义历史的信息被有意忽视，而某些类型的知识则被系统性地优先考虑。

在一个种族主义的社会中，白人通常比其他人种享有特权。作为种族主义的受益者，他们也热衷于对种族主义的忽视。父权制社会中的男性和能力主义社会中的健全人也是如此。正如芭芭拉·阿普尔鲍姆（Barbara Applebaum）在《做白人，当好人》（*Being White, Being Good*，2010）一书中指出，这些群体对自己的无知有双重利益。他们不仅从不公正的制度中受益，而且通过忽视这个问题，他们可以让自己相信他们在道德上是"纯洁的"。正如贝恩所说，无知会"抵制和反击"。想一想我们的知识差距是如何被"对'常识'的迷恋"所保护的。当有人告诉你某些东西是"常识"时，他们的意思是"别刨根问底！"。在很长一段时间里，人们认为地球是平的，"种族等级"是存在的，妇女没有投票的权利，这些都是所谓的"常识"。用贝恩的比喻来说，这些都是需要与之斗争的无知行为。

人们有时会说"无知是福"。米尔斯、阿普尔鲍姆、阿尔科夫和贝恩等哲学家鼓励我们追问：对谁来说是福，代价是什么？

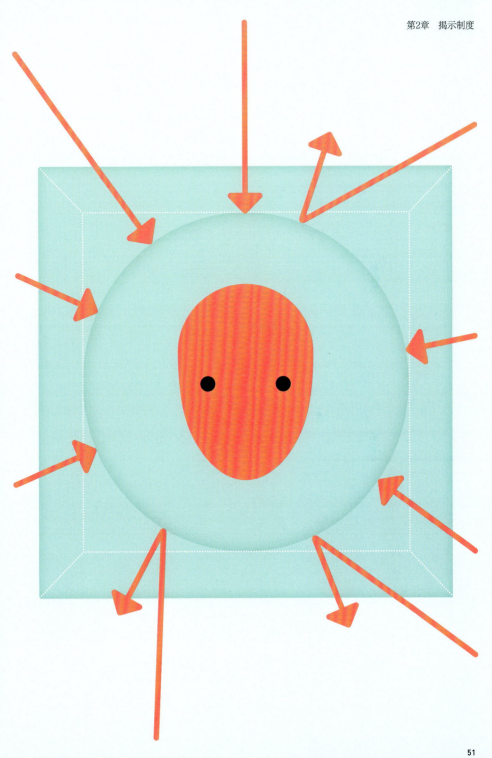

工具包

05

我们倾向于认为应该允许人们"说出自己的想法"。然而，一些哲学家认为话语本身就会造成伤害。和你的对话者讨论一下什么是、什么不是伤害，以及如何在不造成伤害的情况下表达自己的想法。

06

我们经常被鼓励要"有礼貌"。但是，当我们试图使谈话"顺利"进行时，我们有时最终会隐瞒令人不舒服的重要事实。在"文明的分歧"中，有必要研究礼貌是帮助还是阻碍了对话。

07

　　对话最后往往会变成争吵。当参与争论时，想一想你是在与你的对话者对抗（将他们视为对手），还是在与他们对话思考。

08

　　无知不只是被动地缺乏知识。有些事情我们决定最好不要去想——我们成为"故意无知"的人。当面对你的知识空白时，要考虑它们为什么会出现，以及谁会从中受益。

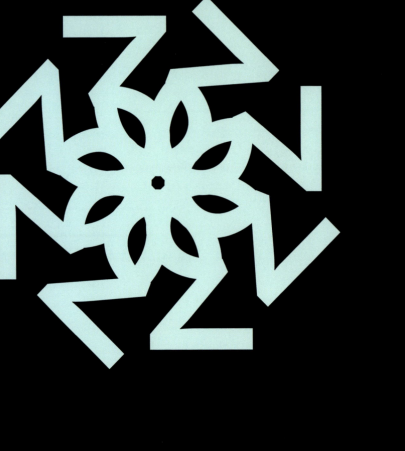

第3章

理解冲突

第9课 **越俎代庖**

如果你代表某人说话，可能会导致他们被迫沉默。

第10课 **慢慢来**

问题可能会因过于缓慢或迅速的回应而恶化。

第11课 **转移话题**

令人不舒服的对话可能会不合时宜地偏离轨道。

第12课 **恐慌**

有时，恐慌被当成逃避行动的借口。

"……权力不仅是我们反对的东西，往大了说，也是我们赖以生存的东西。"

——朱迪斯·巴特勒(Judith Butler)

坏消息是: 对话是困难的。即使参与者尽力去理解对方和让对方理解自己，对话也会陷入困境。虽然你的表达清晰，也表现出了亲切、体贴和善意，但即使如此，你的努力最终也可能弊大于利。轻松的聊天可能会变成激烈的争论，而激烈的争论则可能变成终生的仇隙。

好消息是: 我们都知道这一点。社会学家和语言哲学家们已经做了相当多的工作来识别和研究我们通常会陷入的对话陷阱。通过观察他们的研究，我们可以更好地了解我们犯错的方式和原因。我们可以学会识别错误以及避免它们。

在第9课"越俎代庖"中，我们将讨论"替"别人说话的现象。你经常听到一个中产阶级的白人在电视上谈论被视为边缘群体(如黑人、犹太人) 的人的经历。当然，这些人或许是想帮助别人，但是通过这样的高谈阔论——无论是字面的还是象征性的——他们实际上是否会让其他发言者无话可说?

在第10课"慢慢来"中，我们研究了对待时机截然相反的两种态度，两者都同样会引起麻烦。争论往往围绕着问题的紧迫性展开: 你应该"不慌不忙地把事情讲清楚"吗? 什么时候该"停止思考，开始行动"取决于你的身份和问题本身的性质，不同的方法可能会造成一些不幸的后果。

第11课"转移话题"，探讨了权力通过说话者来压制挑战现状的对话的方式。无论是否有意，人们都会采用"转移注意力的策略"，以便将焦点从破坏其世界观的抱怨或担忧上转移开。这很容易做到……但问题不是那么容易解决的。我们会研究"警惕"的态度在这种情况下的作用。

最后，在第12课"恐慌"中，我们将研究当人们被迫面对自己的偏见时，有时会出现的阻碍性的恐慌。由于过度的内疚感——甚至对进步的可能性持悲观态度，对话可能会难以继续。当看起来无路可走时，你该何去何从?

当然，这些问题可能使你在开始谈话时感到有些紧张。不要灰心! 虽然错误在所难免，但这些类型的错误相对容易识别。本章是一份路线图，帮助你看清楚一些经常在对话中出现的死胡同和陷阱。

第9课 越俎代庖

想象一下,你无意中听到了两个陌生人——
卡米拉和彼得——在酒吧里的谈话:

彼得:嘿,你在喝什么?

卡米拉:布洛勃艮德。

彼得:哦,是吗? 对我来说,看起来像黑皮诺葡萄酒。

卡米拉:布洛勃艮德是黑皮诺的一种类型。

彼得:是吗? 你确定吗?

卡米拉:我是一名侍酒师。

彼得:……

卡米拉:侍酒师是品尝葡萄酒的专家。

在这里，彼得的行为正是作家丽贝卡·索尔尼特（Rebecca Solnit）所说的"男人说教"（mansplaining）——男人向女人解释的行为，男人自以为他有相关的权威和知识来谈论一个话题，即使该话题与女人自己的经历直接相关（这个定义——由男性作者写的——本身就是男人说教的一个例子）。对一些人来说，这种行为极度令人尴尬。对另一些人来说，这是一种话语暴力（一种通过话语实施的暴力），一个男人暗示他有洞察力、有权威、有权利在任何时候想说什么就说什么。当一个男人说话时，女性被定位为被动的听众，即使她们比男人更了解这个话题，她们也要听男人说话。

现在想象一下另一个场景。海伦和她的男朋友坐在一家餐厅里。她的男朋友招手叫服务员过来。

他用发号施令的口吻说："我要一个汉堡，她要一份恺撒沙拉，但不要放鸡肉。她不喜欢鸡肉。"

服务员记下订单后离开。

男人说教可能与"替别人说话"的现象有相似的地方。当人们介入阐述另一个人或一群人所经历的事情或他们所相信的事情时，他们就是在替别人说话。当海伦的男朋友告诉服务员她对食物的品味时，他是在代替她说话。这可能是一个类似于暴力话语的

举动。当你替某人说话时，你剥夺了他们为自己说话的机会。

"替他人说话"和"男人说教"是认识论者琳达·马丁·阿尔科夫（Linda Martín Alcoff）所说的"说话的仪式"的两种形式。在她的文章《替他人说话的问题》（*The Problem of Speaking for Others*, 1991）中，阿尔科夫指出，为了让我们理解为什么这些替他人说话的行为是有问题的，我们需要理解整个背景——仪式——话语是其中的一部分。

例如，思考一下这句话：我们生活在一个性别歧视的父权社会中，妇女每天都在受苦。

你或许会说，这句话在任何情况下都是正确的。不管是当一个男人对一屋子女人讲话时，还是单独从其中一个女人的嘴里说出时，都一样正确。然而，阿尔科夫指出，这句话的意义不仅仅是由文字创造的，还是由说话的背景和说话者的社会地位创造的。通过向一屋子的女人解释这个关于社会特征的真相，一个男人暗示他的"听众"不知道这个事实，而且他有必要教育她们。因此，他正在强化他所描述的问题。如果是一个女人做同样的发言，情况就不会是这样了。

话语并不是凭空出现的。它们出现在特定的环境中，由特定的人说出来，而这些事情的特殊性促成了这些话语的含义。

我将闭口不言

也许你在担心替别人说话的事? 也许你认为除了为自己说话, 或者谈论自己的时候, 最好保持沉默? 这是女权主义哲学家乔伊斯·特雷比尔科特(Joyce Trebilcot) 在她的论文《戴克方法》(*Dyke Methods*, 1988) 中倡导的方法。特雷比尔科特承认对争论采取开放式方法的重要性——能够抑制想要达成共识的冲动, 她为实现这一目标而制定的三个原则中的第一个, 也许是最重要的一个:"我只替自己说话。"

出于对"越俎代庖"的担忧, 这显然是有意义的。然而, 阿尔科夫也指出了这一举动的问题。特雷比尔科特提出了所谓的"退避"立场。这种做法使她可以不参与对话,

使人们能够保护自己。但正如阿尔科夫所指出的, 这是一种回避责任和批评的方式。"闭口不言"并不能让你不去思考有争议的想法, 它只是防止了这些想法被质疑。

阿尔科夫还指出, 沉默本身往往被赋予了意义。闭口不言、保持缄默, 扮演旁观者的角色, 或许也是有意味的。想象一下, 在讨论中听到有人说一些偏激的话, 再想象一下保持沉默的场景。就像说话一样, 你的沉默也会成为对话的一部分。无论是否有意, 你没有"开口反对"很可能意味着这种偏执的言论是被你认可的。

由于这样的言论发生在一个不公正的世界中, "越俎代庖"的问题变得更加复杂。正如教育哲学家芭芭拉·阿普尔鲍姆(Barbara

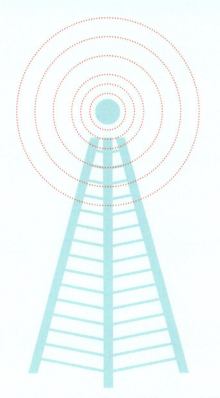

Applebaum）所建议的，通常情况下，有特权的人比来自边缘化社区的人更容易被听到。一般来说，在美国，中产阶级白人男性比有色人种女性有更多机会接触公共平台。白人男子得到了更大的"信号增强"（他们的信息传播范围更广泛），并且从统计学上看，他们所说的话更有可能得到更大的信任。那么当然，有特权的人为那些"弱势无声"的人说话，不仅是可以接受的，而且很重要。通过任何必要的手段来提高人们的认识，难道不是很重要吗？

替他人说话是一个棘手的问题，但从以上分析中可以清楚地看到，说话的背景很重要。因此，每个人在说话时都要注意自己的社会位置，这一点至关重要。

牢记以下问题。

问题1：你说话的对象是谁，为什么？

问题2：你是否只为了意味深长地停顿而说话？

问题3：你说话只是为了听自己的声音吗？

问题4：你认为你对某一问题有独到的见解吗？

问题5：对你来说，分享这些想法是否比让别人发言更重要？

问题6：在说话的仪式中，你自己扮演着什么角色？

第10课　慢慢来

"我们想要什么？"

"公平的报酬！"

"我们什么时候要？"

"现在就要！"

众所周知的抗议呼声（其中"公平的报酬"可以用"普选"或"巧克力"等任何东西代替）表明了令人不舒服的对话中的一个典型引爆点：变革的紧迫性。坚定的行动对一些人来说比其他人更为紧迫。有权有势的老板们比被压榨的雇员更不急于解决工人的权利问题。有健康保险的人比没有健康保险的人更不操心对国家医疗的支持。

你认为需要解决的问题的速度往往取决于你对推动变革的兴趣有多大。马丁·路德·金在他的《伯明翰监狱来信》（*Letter from a Birmingham Jail*，1963）中很好地说明了这一点。他在谈到"白人温和派"对实现种族正义所采用的软弱无力的方法时说：

……黑人迈向自由的最大绊脚石不是白人公民委员或3K党（Ku Klux Klanner），而是白人温和派，他们更致力于"秩序"而不是正义……他们经常说："我同意你寻求的目标，但我不能同意你采取直接行动的方法。"他们俨然以家长的身份，认为自己可

以为他人的自由制定时间表……他们经常建议黑人等待一个"更合适的时机"……

金批判了那些看似持同情态度的白人"盟友"，他们鼓励美国黑人等待，慢慢来。进步终会发生的! 恐龙终会灭绝的! 金鼓励我们质疑这样的假设。历史的天平可能会偏向正义，但这并不意味着我们可以坐视不管，等待好事发生。没有不可避免的时机，也没有任何小行星撞击来结束种族主义的"恐龙时代"。

金的信也鼓励我们质疑自身对"秩序"而不是"正义"的执着。你会经常听到人们说他们"不喜欢对抗"，或者他们"努力避免争论"。这些人把礼貌放在首位，而不是旗帜鲜明地反对恶行。白人温和派不会采取直接行动，而是倾向于"从内部修复这个系统"。金对这种做法持怀疑态度，学者、活动家、诗人奥黛丽·洛德与金的观点一致，她曾经有过一番很著名的言论："……主人的奴隶们永远不可能拆掉主人的房子。奴隶主或许会让我们在他自己的游戏中暂时打败他，但他们永远不会允许我们带来真正的变革……"

"稳扎稳打"的人总是赢得比赛吗? 金和洛德认为，主张"内部改革"，"等待时机"的呼吁，可能是转移注意力的策略，会对社会变革造成严重障碍。正如哲学家萨拉·艾哈迈德(Sara Ahmed)所说，有些情况需要我们"集体无耐心"。

我们还在等什么？

有时争论似乎永无止境。对话变成了散文家玛格丽特·塔尔博特（Margaret Talbot）所说的"学术漩涡"（我们在理论上反复绕圈子，却没有任何真正的进展）。的确，这令人沮丧，特别是当有一个明确和紧迫的行动需要时，我们却还在不停地讨论，而不是卷起袖子，采取行动。

这种"推动事情""开始行动"的愿望是完全可以理解的，但也不是完全没有问题的。缺乏耐心往往会导致好心但被误导的人，根据仅有的一点信息采取行动。爱丽丝·麦金太尔（Alice McIntyre）在她的书《创造白的意义》（*Making Meaning of Whiteness*，1997）中，将这种情况称为"白人救世主"（white saviours）的态度，这是指那些在没有充分了解问题的各种复杂性之前，就急于解决问题的白人。

这是一种家长式（paternalistic）的态度，基于这样的假设："救世主"知道什么对他们想要拯救的人来说是最好的。这种态度指的是在不完全了解问题的情况下强行进入讨论，却坚信自己知道如何解决这些问题。可以预见的是，这种态度往往导致这些所谓的救世主造成更大的伤害。

我们如何在鲁莽的行动和无休止的争论之间保持平衡呢？在《被压迫者教育学》

反思

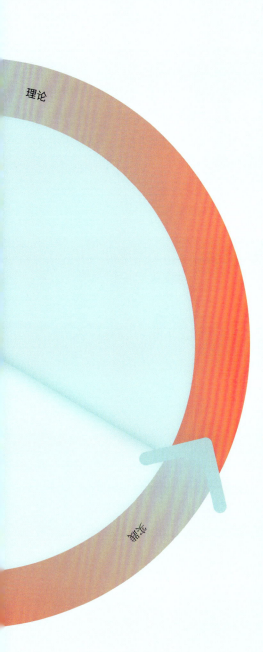

理论

实践

（*Pedagogy of the Oppressed*，1968）中，巴西教育家保罗·弗莱雷（Paulo Freire）建议的方法是"实践"。实践是一个知识过程，在这个过程中，理论指导实践（或行动），反之亦然。实践会带来积极的回应。你观察一个问题并对其进行反思，然后尝试行动，并根据你所学到的东西完善你的实践。然后你再开始新一轮的循环。

想象一下，把一个沉重的沙发搬进门口。这不是你一个人能做的事情。你不能只是对着沙发猛推就能做到。你必须测量沙发的尺寸，看能不能通过，与抬着沙发另一端的人交换信息，轻轻地、小心地向前移动。

这种方法最好通过"实践共同体"来实现，实践共同体指的是那些对问题（例如门的大小和形状，或沙发的重量）有第一手经验的人集中参与的合作。我们在美国民权运动中看到过这种反思性的实践：金对直接行动的呼吁是建立在对问题的亲身参与之上的，并且是在对行动主义的现实的回应中发展起来的。

按照弗莱雷的设想，实践最好通过对话来实现。这是一种特殊的自我反思性对话，是对问题的合作性思考。无论你是想把沙发塞进门廊，还是想在工作场所实现性别平等，你都需要与人相互交谈。你需要对客观现实做出反应。

就像说话

的沉默也

话的一部

一样，你
会成为对
分。

第11课　转移话题

想逃离令人不舒服的谈话是很容易的。无论是面对脾气暴躁的邻居的彻夜狂欢，还是与父母谈论他们的葬礼安排，我们都曾遇到过急于"改变话题"的情况。

因此，我们发明了各种战术来重新引导谈话的走向。这些策略包括夺门而逃或假装咳嗽。也有一些不太露骨的策略。"反唇相讥"（Whataboutery 或 Whataboutism）就是其中之一。毫无疑问，这种策略会问："……又如何？"这比某些修辞手法更巧妙，因为它暗示说话者正在参与，甚至认识到所说内容的重要性。这样做可以让他们施展诡计，将对话转移到一个不那么对立的话题上。

假如今天是星期五晚上，凯瑟琳和她的朋友在外面喝酒。朋友们告诉她，他们要付的租金太高了。凯瑟琳来自一个富裕的家庭，从来没有上过班，她拥有自己的房子。她的一个朋友暗示说，凯瑟琳生活太"优越"了。凯瑟琳辩解道："那你呢？去年一年，你度了多少次假？九次？十次？"

这就是所谓的"你也一样"（tu quoque）式的诡辩。这种方式试图通过证明他人和你一样不清不白而且虚伪，来诋毁批评者的信誉。重要的是，它并不否定批评本身（凯瑟琳并不否认她生活优渥），而是针对提出批评的人。

或者想象一下，凯瑟琳的朋友不知道她拥有自己的房子。她对所有这些关于房东和继承权的话题感到很不自在，在同情地点头的同时，她问道："那无家可归的人越来越多，这不是很可怕吗？"

这是另一种形式的诡辩。无家可归者的增加是可怕的——也是相关的，但凯瑟琳的问题使对话偏离了原来的话题。她可能不是有意为之，但她有效地将有和她本人有关问题的讨论转移到了别的地方。

诡辩的情况随处可见。一个被指控有不良商业行为的雇主可能会指出其他雇主的商业行为更糟糕。一个男人可能会把焦点从关于厌女症（misogyny）的讨论转移到关于父权的讨论上。学者和精神分析学家黛博拉·布里兹曼（Deborah Britzman）指出，不管是否有意，这些举动都是为了避免卷入"困难的知识"。正在讨论的话题让听众感到不舒服，他们有一种想把对话话题转移开的冲动。通常，这种不舒服是因为这个话题挑战了听众的"道德操守"转移话题的策略使他们能够避免面对与自己有关的难堪但重要的事实。

自我反省

转移话题的策略可以让一个话题完全跑偏，也可以做到学者兼活动家萨拉·艾哈迈德所描述的"重新集中"。也就是说，这些策略可以重新引导智力劳动，聚焦到不同群体或个人的需求之上。例如，在关于反黑人种族主义的对话中，一个白人参与者（在被指责为白人至上主义的同谋时）可能会泪洒当场。这些"眼泪"的作用是将参与者置于讨论的中心位置。人群的注意力突然被引导去问："他们为什么哭？""我们怎样才能帮助他们？"这并不是什么新把戏。罗马人把一个人故意掉泪称为"同情"（commiseration）。在这种情况下，听众会转而开始同情说话人。

当有权有势的男人要求别人同情他们所认为的无力感时，就会出现一个明显的关于同情的例子。康奈尔大学的哲学家凯特·曼恩（Kate Manne）指出，这种策略经常被用来转移人们对普遍存在的有害的性别歧视和厌女症的注意力。在她的《不只是厌女》（*Down Girl*，2018）一书中，她将这种现象称为"男性施害者同情"（himpathy）。

对男性施害者同情的呼吁有两方面的影响。例如，当男人对性骚扰的指控作出回应时，他们声称自己是受害者。正如美国活动家和学者伊夫·科索夫斯基·塞奇威克（Eve Kosofsky Sedgwick）所指出的，男人的眼泪有一定的社会力量，特别是在传统的男子气概观念的背景下。当男人被定位为坚忍克制、不易动情和坚强勇敢时，他们的眼泪就比女人的眼泪"更珍贵"。因此，当他被指控有厌恶女性的行为时，哭泣可以引起人们对他的同情。事实上，被告摇身一变，成了受害者。

而且，他不仅被定位为受害者。同时，他所侵害的对象——厌女症的攻击对象——被定位成了坏人。"她的指责会毁了他的生活"被模糊成了"她毁了他的生活，这个女人是个怪物"。

从诡辩到同情男性施害者，转移视线的

曼恩描述了大学生布洛克·特纳（Brock Turner）的案例。2015年，特纳因性侵犯一名失去意识的女性而被捕。作为一名年轻的大学运动员，他在审判后得到了过度的宽大判决，审判中强调了他的"游泳天赋"和定罪对他的生活的"严重影响"。该判决是对特纳的同情，或者说是对男性施害者的同情，而不是对他的受害者的同情的结果。

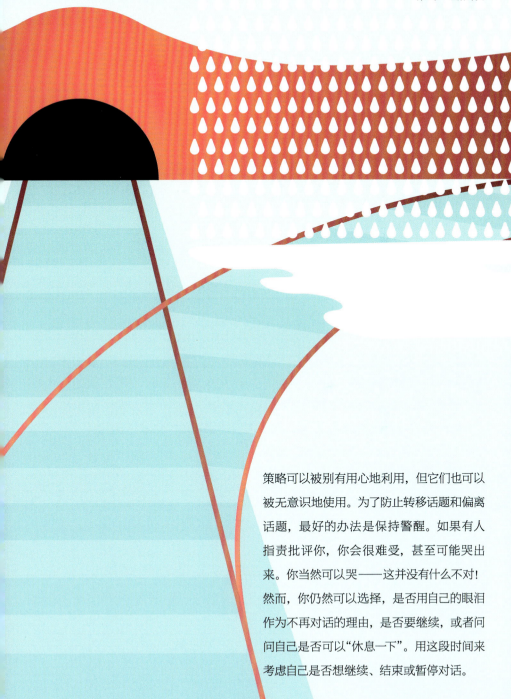

策略可以被别有用心地利用，但它们也可以被无意识地使用。为了防止转移话题和偏离话题，最好的办法是保持警醒。如果有人指责批评你，你会很难受，甚至可能哭出来。你当然可以哭——这并没有什么不对！然而，你仍然可以选择，是否用自己的眼泪作为不再对话的理由，是否要继续，或者问问自己是否可以"休息一下"。用这段时间来考虑自己是否想继续、结束或暂停对话。

第12课 恐慌

让我们面对现实吧，我们都会犯错。如果我们说错了话，我们就可能被误解——偶尔我们只是没有抓住要点。是的，但结果可能是尴尬的，有时甚至是完全令人难堪的。

如果你在错误的环境中说错了话，你就有可能被指责为愚蠢或有偏见，甚至更糟。也许你讲了一个让人觉得被冒犯的笑话？也许你在办公室里使用了一个在政治方面不正确的词？你的第一反应可能是澄清自己不是认真的，你只是在开玩笑而已，你实际上并不是种族主义者！

通常我们甚至拒绝承认我们持有偏执观点的可能性。我们不会承认到自己在政治和道德上的失误，而是变得抵触或恼羞成怒。然而，有时候，我们清楚自己犯了错。我们偏执的观点轰然倒塌。我们被自己的失败弄得不知所措。

教育哲学家安·迪勒（Ann Diller）将这种不知所措称为"电鳐"。电鳐是一种奇特的动物，这种鱼在哲学上的首次亮相是在柏拉图的《美诺篇》（Meno）中。书中的美诺说，就像电鳐放电使其猎物陷入麻痹状态一样，苏格拉底通过他的语言技巧让他的对话者

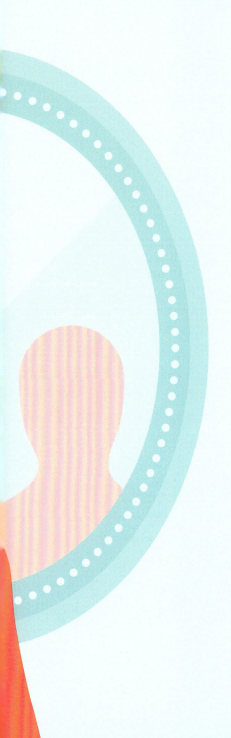

哑口无言。迪勒在《遇上电鳐》(*Facing the Torpedo Fish*,1998)中引用了柏拉图的话,她将其用于描述当我们面对自己的偏见时的不知所措。她说,当你意识到自己做错了事情时,会感到震惊。如果你真心实意地认识到自己的观点是偏执的,自己并没想象中的那么"好",这种想法会让你踌躇犹豫,止步不前。迪勒说,这是一种"萎靡不振"的状态。你成为一个"麻木的主体"。

认识到自己做了冒犯别人的事情或说了得罪人的话,显然对自我发展至关重要。但萎靡不振的状态也可能是病态的。想象一个在女权主义集会上出现了一个激动难抑的小伙子,控诉这个性别歧视社会的种种问题对他造成的严重和可怕的影响。他是如此深陷于内疚和自我憎恨之中,以至于这成为一种自我迷恋的形式。他被自己的内疚所吞噬,要求得到大家的关注。他口口声声说:"我享受了如此的厚待,却为人糟糕,不过,我也很无奈。"

正如萨拉·艾哈迈德在《过上女权主义生活》(*Living a Feminist Life*,2017)中指出的那样,像这样的声明具有忏悔的功能,是在要求免责或宽恕。艾哈迈德指出,这是关于种族的对话中经常出现的现象,白人通常要求别人关注他们的内疚感。这是她所说的白人的"黏性"的一种体现。白人在承认自己的偏见和特权的同时，还要求有色人种理解他们。

"这有什么意义？"

我们很容易感到悲观。哪怕我们已经尽力了（也许特别是在倾尽全力时），最终还是可能会助长这个问题，而这样的想法可能会进一步放大悲观情绪。那么，这还有什么意义？政治行动还有意义吗？道德行为方面的努力还有意义吗？如果这些都一文不值，我们何必还要为此费心呢？

这些问题是德里克·贝尔（Derrick Bell）的《井底的面孔》（*Faces at the Bottom of the Well*，1992）关注的焦点，这位法学教授在书中提出了一个他称为"种族现实主义"（Racial Realism）的观点。种族现实主义是对关于政治进步的乐观声明，和关于克服美国的种族主义的主张的回应。

在这个国家，黑人永远不会获得完全的平等。即使是那些被我们自诩成功的巨大努力，也只能产生暂时的"进步的高峰"，随着种族模式以维持白人统治的方式进行调整，短暂的胜利也会滑向无关紧要的地方。

对贝尔来说，关于进步和"种族歧视解决方案"的说法从来都是痴心妄想。他说，我们需要现实一点。协商民主或自发的进步

拯救不了我们。与此相反的看法是无益的。哲学家卡尔文·L.沃伦（Calvin L. Warren）在他的《本体论的恐怖》（*Ontological Terror*，2019）一书中发展了这一观点，他写道："悲天悯人的情感（我们从充满希望的解决方案中得到的良好感觉）不会转化为自由、正义、承认或解决……"贝尔和沃伦的著作清晰地阐述了乐观人文主义的弊端。满怀希望的感觉很好，但这种"情感"是一种干扰。

也许，贝尔的出版商担心他的作品对主流观众来说过于绝望，这并不奇怪。对此，据说贝尔的回应是："你不明白。对于这个社会中的黑人来说，真相永远不会让人绝望。"与迪勒描述的麻木的主体不同，贝尔说对悲观世界观的适当反应不是不作为，而是不断采取行动。事情或许看起来毫无希望，但我们应该不顾一切地斗争下去——我们应该继续对话。这种观点也可以在哲学家乔治·扬西（George Yancey）的作品中找到，他承认试图克服某些根深蒂固的偏见是徒劳的，但也承认这种尝试的重要性。对扬西来说，男人可能是"反性别主义的性别主义者"，而白人也可能是"反种族主义的种族主义者"。我们可能永远无法克服偏见，但这不应该阻止我们去尝试。

贝尔于2011年去世，他一直在将自己的

理论付诸实践。事实上，正是由于他试图使大学教师群体吸纳更多种族，他失去了哈佛大学法学院的教授职位。1990年，他要求任命一名黑人女教授为终身教授的请求被驳回，但他并没有放弃努力，最后他自己的教授职务也被解聘了。1998年，拉尼·吉尼耶（Lani Guinier）被任命为该校第一位黑人女性终身教授——贝尔当然认为这是值得庆祝的理由……但或许他内心并不希望如此。

工具包

09

　　一句话或一个论点的意义取决于所使用的词语，但也取决于说话的环境和说这些话的人。想一想你是如何被理解的，以及你是如何理解他人的。

10

　　有时，在倡导变革时，我们被告知要"慢慢来"，不要"操之过急"。说这话的往往是那些没有亲自参与变革的人。在考虑一个问题的紧迫性时，一定要思考这对谁有"利"，对谁没有"利"。

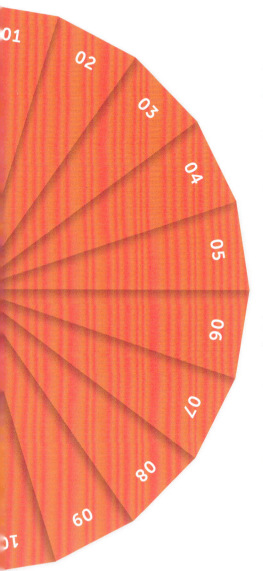

11

通常情况下，我们希望避免尴尬的对话。然而，不适、尴尬、愤怒和抵触是分歧的重要组成部分。注意对话中出现的情绪。你对对话者的感受有什么感觉？

12

当遇到对你有挑战的事情时，你很容易惊慌失措，想要逃跑，无论这是指的字面意思还是比喻意思。值得研究的是，你为什么会感到如此不安——你是否害怕自己会有偏见？试着承认这一点，并考虑如何解决这个问题。

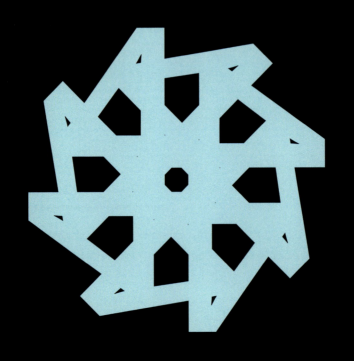

第4章

建立沟通

第13课 同舟共济
联盟是不对称的，团结是对称的。

第14课 共同用餐
一起进餐有利于消除分歧。

第15课 幽默
笑话既能让人们团结在一起，也能用来排斥他人。

第16课 教育
谁来执行"认识劳动"？

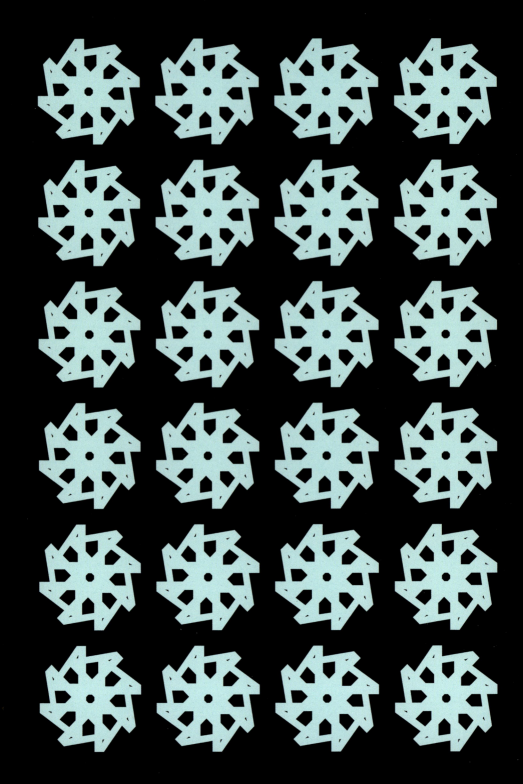

"如果你来这里是为了帮助我，你就是在浪费时间。但如果你来是因为你的解放与我的解放息息相关，那就让我们一起努力吧。"

——莉拉·沃森（Lilla Watson）

我们经常遇到那些"懂我们"的人。他们和我们志趣相投，我们很"合拍"——这真的很奇妙，因为它太难得了。想想所有微小的历史细节和心理上的细微差别，它们使得人们以各自奇妙的特殊方式来感受、思考和生活。那么，考虑到人类经验的丰富多样性，任何两个人见面后发现自己的想法甚至大致相同，这本身就很令人惊讶。

当然，不是每个人都能体会到一见如故的感觉。并不是所有人都能看法一致。谢天谢地！你能想象如果没有各种不同意见，世界会有多无聊吗？不过，这一事实给我们留下了一个难题。我们如何才能与其他人同声相应，同气相求？我们怎样才能促成富有成效的对话？本章的目的就是要回答这些问题。

在第13课"同舟共济"中，我们探讨了不同政治团体成员之间可能存在的两类关系。一方面，人们可以宣布成为"盟友"。另一方面，他们可以宣布达成"团结"。这些相关的关系会带来什么？效忠的观念里是否带有一些袒护性的东西？

有时，培养联系的最好方式是一起喝杯茶吃块饼干。第14课"共同用餐"研究了"同席就餐"的概念，并概述了集体用餐可以增进相互理解的方式。一日三餐往往不会以目标为导向（晚餐的目的不是吃甜点），因此，它们也是开放性对话的良好模式。

幽默是第15课的重点。事实证明，玩笑可能会是一个意想不到的重要工作。很明显，幽默有相当大的潜力，可以划清界限，将某些人排除在对话之外（有些人就是不"懂"）。同时，玩笑可以将人们聚集在一起，创造亲情和共同的情感。

在第16课，我们要探讨"教育"。严肃的思考工作并不总是平均分配的（有些发言者需要比其他人做更多的解释工作），意识到这一点对于真正的生成性讨论是至关重要的。我们将探讨自我教育的重要性。确保大家不会鸡同鸭讲的前提是大家必须要有相同的知识背景。

有时在与人交流时，不管你说什么好像都显得不合时宜。你所讲的笑话都不好笑。你给人的印象是无礼、麻木或无知（或者所有的缺点）。在这一章中，我们将研究为什么会发生这种情况，以及我们如何更容易地实现互相理解。

第13课　同舟共济

每年的3月8日，世界各地的人们都会庆祝国际妇女节。每隔一段时间，就会有一位出于好心的男性名人为这一事业"发声"，在电视或社交媒体等大型受众平台上站出来为妇女权利大声疾呼。一位这样的名人说："看到这么多女性领导人终于在权力结构中占据了她们的位置，她们应有的位置，这给了我很大的希望。"这种声明被认为是"盟友关系"或"效忠"的标志。

在社会正义方面，盟友指的是拥有某种程度或类型特权的群体成员，他们为没有这种特权的受压迫群体"挺身而出"，"仗义执言"。倡导妇女权利的男人就是一个例子，白人反对种族主义也是一个例子。

有一个盟友的出现，乍一看似乎是一件好事。盟友的用意是好的，他们想帮助别人。他们有一颗正直的心。他们认识到自己的特权，并想利用这些特权做好事。在上面例子中，男性名人因为他的言论和他对性别平等的持续努力而被赞誉为"好人"，这很正常。

同时，盟友们也有一些略显不妥的地方。在国际妇女节这天，人们如此关注男性的言论，似乎有点奇怪。这是萨拉·艾哈迈德所说的特权的"黏性"的一个例子。在试图为女性撑腰的时候，这位名人作为一个男人获得了积极的关注。

问题在于，盟友和被压迫群体之间的关系是不对等的——它是单向的。国际妇女节所要解决的权力不平衡问题，实际上会因为男性的"慈善"态度而变得更加严重。男性盟友在"替"妇女"打抱不平"时的合理性可以通过这些拥护女性的话语得到加强，而不是减少。不管他们的意图如何，这些所谓的声援的声音被不断放大和传播，这反而盖过了妇女声音。

美国散文家和活动家罗克珊·盖伊（Roxane Gay）在她的作品《论让黑人获得平等权利》（*On Making Black Lives Matter*, 2016）中，研究了与"白人盟友"有关的问题。

我们需要人们站出来，把压迫产生的问题当作自己的问题来解决，不需要移除或保持距离。我们需要人们这样做，即使他们不能完全理解因其种族、民族、性别、性、能力、阶级、宗教或其他身份标志而被压迫是什么样子的。我们需要人们用常识来弄清楚如何参与社会正义。

在这里，盖伊对盟友的概念提出了质疑，但指出了一个相关的概念：同舟共济。

共同承担

20世纪80年代中期，超过15万名矿工在英国各地举行罢工，抗议撒切尔夫人的保守党政府大规模关闭矿井。这些罢工持续了一年多，英国的矿业城镇和社区遭受了可怕的损失。行业罢工自始至终，矿工们获得了当时看来不太可能的支持："男女同性恋者支持矿工"。该团体宣布他们声援矿工，并筹集了大量资金来帮助矿工们的事业，以及与他们一起对抗警察和参加抗议活动。

从亚里士多德开始，团结就是哲学和政治著作的一个共同主题。这是一种可以在个人和团体之间保持的特殊关系。正如瓦希德·侯赛因（Waheed Hussain）在《共同利益》（*The Common Good*，2018）中描述的那样，团结需要将他人的利益提升到与自己的利益相同的地位。这种做法让我们看到了盖伊的理论成为现实，她要求人们"挺身而出，把压迫产生的问题当作自己的问题来解决"。

重要的是，团结宣言并不要求达成共识。人们不需要达成一致意见才能采取团结行动。团结通常像结晶一样凝聚在特定问题的周围，但行动主体不需要在所有问题上达成一致。正如诺米·谢曼（Naomi Scheman）所说："问题……不是谁是或不是真正的同性恋，而是当他们迫害我们中的任何一个时，我们可以依靠谁：坚实的基础不是身份，而是忠诚和团结。"

同盟关系是一种不对等的关系，它是单向的。有人主动加入议题并向他人"施以援手"。这就是为什么在系统性的反黑人种族主义面前，讨论"黑人与白人的结盟"没有什么意义。然而，与盟友关系不同，团结可以是一种对等的关系。1984年，"男女同性恋者支持矿工"组织宣布声援罢工的矿工。此后不久，矿工们与性少数群体一起参加了同性恋尊严游行，并作为一个团体投票推动性少数群体权利。

团结是一种强大的力量。这不是一个"仗义执言"或暂时动用你的特权的问题。这是一个认识到关于各种不公正的现象会交织在一起的问题，以及边缘化群体的命运如何联系在一起的问题。这是一个承认厌女症对男性和女性都有不利影响的问题，异性恋主义对异性恋者和同性恋者的伤害一样大的问题，种族主义伤害了所有人的问题，资本主义不仅仅是伤害穷人的问题。"团结"（solidarity）这个词来自拉丁文"solidum"，意思是"整体"。当你宣布团结时，你将自己定位为一个整体的一部分——这样做你就会更强大。

第14课　共同用餐

我们通过电子邮件、WhatsApp 和推特[①]（Twitter）争论。我们在手机、Reddit 和脸书上争论。技术已经发展到这样的程度，我们可以坐在亚特兰大的卧室里，与坐在吉隆坡的客厅里的人争吵。我们甚至可以在不知道对方是谁的情况下进行争论。

社交媒体技术将人们聚集在一起。它们具有巨大的自由潜力，将全球各地的不同民众联系在一起。但它们也会加剧分歧。如果和你对话的人只是眼前几个跳动的像素，你就更难判断他们的情绪反应，更难把他们看成一个人。如果你对他们的身份和地域只有一个肤浅的了解，就更容易对他们进行讽刺，把他们扁平化，形成一种刻板印象。

这个问题并不新鲜。与相邻的社区相比，在地理上或社会上分离的社区必然会更不了解彼此。

学者兼活动家纳撒尼尔·亚当·托比亚斯·科尔曼（Nathaniel Adam Tobias Coleman）提出的观点是，为了解决分歧，必须意识到这些距离。具有不同观点和来自不同生活领域的人可以从相互交流中获益。

科尔曼建议，做到这一点的最好方法之一是通过共餐（Meal-sharing）。

共餐的意思顾名思义就是共同就餐。在《异族通婚的责任》（*The Duty to Miscegenate*, 2013）中，科尔曼研究了共同用餐，或"同席就餐"，作为解决不同文化间紧张关系的一种方法。这项研究建立在印度经济学家和社会改革家比姆拉奥·拉姆吉·安贝德卡尔（Bhimrao Ramji Ambedkar）的基础上，他在20世纪初积极参与了反对印度达利特种姓（"不可接触者"）的社会歧视运动。在《消灭种姓制度》（*The Annihilation of Caste*,

---

① 已更名为 X。——编者注

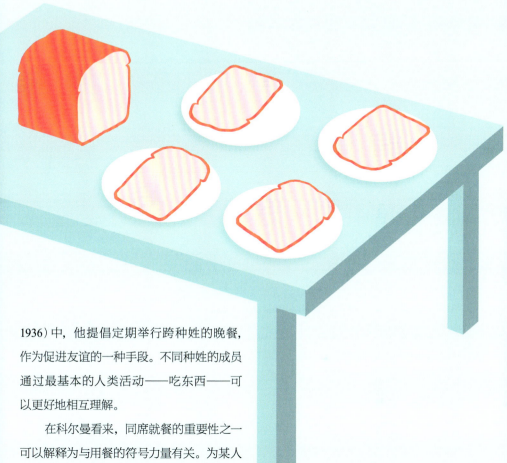

1936）中，他提倡定期举行跨种姓的晚餐，作为促进友谊的一种手段。不同种姓的成员通过最基本的人类活动——吃东西——可以更好地相互理解。

在科尔曼看来，同席就餐的重要性之一可以解释为与用餐的符号力量有关。为某人提供"餐桌上的一个位置"是表达友谊的一种方式。科尔曼说，"同伴"（companionship）在词源上以拉丁语"con"（与）和"panis"（面包）为基础，这并非偶然。同伴就是与我们"分享面包"的人。

一起用餐在促进对话方面的有效性得到了科学的证实。科尔曼描述了21世纪初在南非进行的各种社会学研究，这些研究表明，南非黑人和白人之间的种族和解与"用餐时的群体间接触"有一定关系。这与心理学家高尔顿·威拉德·奥尔波特（Gordon Willard Allport）提出的"接触假说"（the contact hypothesis）相关：某些形式的群体间接触会减少他们之间的偏见。不难看出，一起用餐可以做到这一点。我们把一起吃饭与亲密关系联系起来。亲密关系创造了友谊。友谊本身是好的，而且还为共识和决策奠定了基础——正如人们所说，这是锦上添花的事。

"我们去吃东西吧！"

吃饭可以使我们更紧密地联系在一起。办公室的紧张关系可以通过酒馆里的一盘薯条来化解。家庭不和可以通过去当地的烤肉店来缓和。然而，吃饭并不必然会让人放松。我们可能都在餐馆或别人家里吃过饭，我们时常会感到局促不安。也许你有特定的饮食偏好，饭菜却不合你口味。也许你搞不清楚该使用哪种餐具。有时这种尴尬是可以避免的（我们将在第17课"换个空间"中进一步讨论），但它或许并不总是一件坏事。

去别人家吃饭可以成为女权主义哲学家和活动家玛丽亚·卢戈内斯（Maria Lugones）所说的"世界旅行"的一个例子。让自己置身于陌生的环境——在别人家的饭厅或最喜欢的餐馆里——有助于你了解"他们的世界"。当然，这可能令人精神紧张——你可能无意间冒犯了他们，或者吃了你不习惯的食物，但你也可能获得对他们世界的重要理解，了解他们在自己的世界里轻

松自在、当家主事的状态。你的不安或许是一个好的迹象，表明你正在走出你自己的舒适区，进入他们的舒适区。

卢戈内斯强调说，所谓的"世界旅行"并不仅仅为了品尝新的、"异国"的风味，甚至不算是真正的旅行。在进行世界旅行时，应该真正尝试接触世界的不同方面，而不仅仅是烹饪。正如小说家牙买加·金凯德（Jamaica Kincaid）所说，重要的是要避免成为纯粹的游客，"东走走，西逛逛，看看这个，尝尝那个"。世界旅行是关于打开心胸，欣赏所有围绕膳食的语言和社会习俗。

当然，这些习俗可能会让你感到不舒服（你的吃法是正确的吗？ 你把这道菜的名字念错了吗？），但这种不舒服是你自己的世界观和东道主的世界观的差异的产物。你越能够接纳它，你就越有可能理解与你共同进餐的人的世界。

重要的是，世界旅行和一起就餐并不以目标为导向。重要的是分享就餐的过程，而不是补充能量。重点是关于旅程而不是目的地。在这方面，吃饭是一种很好的公开对话的模式。人们走到一起，不是为了一个最终的目标，而是希望能与对方为

伴。虽然争论通常被认为是线性过程——以达成决定、解决方案或普遍共识为目标，但它们也可以被看作是与他人互动和了解他人的机会。正如奎迈·安东尼·阿皮亚（Kwame Anthony Appiah）在《世界主义》（*Cosmopolitanism*，2006）中所说："对话不一定要带来对任何事情的共识，尤其是对价值观的共识，只要它能帮助人们习惯彼此就够了。"

一次友好的谈话，就像一顿美味的饭菜，不是你想要达成的目标。它是你希望享受的东西。

团结是一力量。

种强大的

第15课　幽默

"我只是开个玩笑而已！"

这是人们在试图收回自己意见时常说的话。也许他们嘲讽了你的新发型。也许他们在会议上取笑了你的项目推介。也许当你告诉他们这伤害了你的感情，让你感到难过，让你觉得不舒服时，他们会耸耸肩说："我不是故意的。"或者说"你别那么小气"。把意见解释为"玩笑"往往是一种防御性策略，说话者试图与他们所造成的冒犯摆脱干系："我不是认真的。"

伊娃·达德利兹（Eva Dadlez）和艾伦·斯姆茨（Aaron Smuts）认为并不存在所谓的"仅仅"是开玩笑的事情。玩笑在我们的日常生活中起到了点缀作用，它们不仅仅是语言上的装饰，它们还是重要的语言活动，常常显示出对语言和意义的复杂掌握。它们可以在群体动态学和它们所处的对话中发挥核心作用。达德利兹和斯姆茨的研究是越来越多的哲学文献的一部分，这些文献希望我们能更认真地对待玩笑和一般意义上的幽默：它们表明，玩笑是有意义的。

最近在这一类文献中崛起的一个领域是玩笑的道德准则。对一些人来说，这句话本身可能听起来就像一句笑话或一个分类错误。玩笑只是玩笑，它们不受道德批判，它们不是那种存在正确与错误、好与坏的东西。在许多人认为是"政治不正确"的幽默的辩护背后，存在着这样的收缩论思想。收缩论者说，幽默只是文字而已，正如古老的格言所说："棍子和石头可以打断我的骨头，但文字永远伤害不了我。"当有人说"你连玩笑都开不起吗？"，其含义是，对幽默声明的伦理或道德进行批评是不恰当的，因为话语本身是无害的。

当然，任何曾经被嘲笑或被取笑的人都会看到"只是玩笑而已"的立场的问题。幽默可能会造成伤害。它可以划清界限，并将特定的听众排除在外。有些人被定位为"参与玩笑的人"，而其他人则不是。有些人听得"懂"笑话，有些人则听不懂。

纳迪娅·迈赫迪（Nadia Mehdi）等语言哲学家将笑话分析为"言语行为"。言语行为是一种既能传递信息又能执行行动的口头表达（有人大声说出来）。这种行为的典型例子是结婚仪式上的"我愿意"宣言。"我愿意"既表达了说话者的同意，又完成了婚姻的仪式。迈赫迪认为，笑话也可以改变一些事情。例如，它们可以破坏某些观点的合法

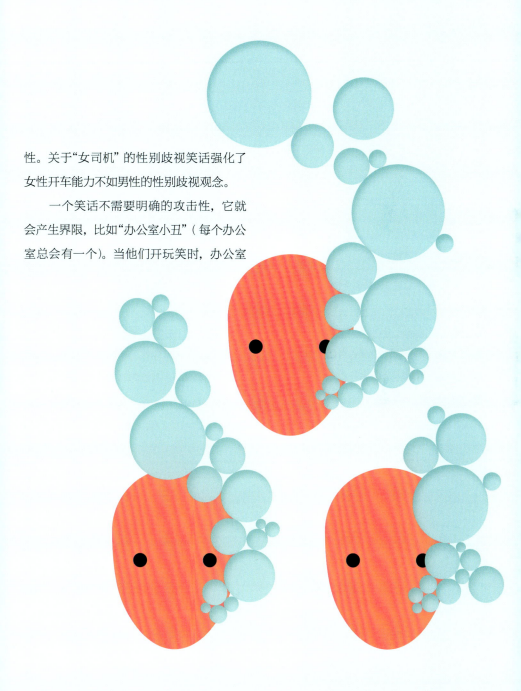

性。关于"女司机"的性别歧视笑话强化了女性开车能力不如男性的性别歧视观念。

　　一个笑话不需要明确的攻击性，它就会产生界限，比如"办公室小丑"（每个办公室总会有一个）。当他们开玩笑时，办公室里有些人在"一同取笑",但没有加入其中的是谁呢?办公室小丑是否在取笑某人?而那个人是否因此而感到被排斥?

"懂了吗?"

值得注意的是,任何事情都会让我们发笑,而且我们独自一人时也会发笑,这已经很了不起了。人们在一起大笑是对人类深层渴望的满足,是对一个迫切的希望的实现——希望我们能有更多的共同点,能够感知彼此,能够共同生活。

笑话会将一部分人排斥在外,这是它的坏处。笑话可以垒起高墙,这是它的长处。正如特德·科恩(Ted Cohen)在《关于笑话的哲学思考》(*Jokes: Philosophical Thoughts on Joking Matters*,1999)中所述的那样:并非所有的墙都是坏的,有些墙提供了庇护。有些界限让人们更紧密地联系在一起。

想象一下,当你和一群素不相识的人走进会场时。在进入正题之前,你们闲聊了几句。

有人问道:"一路上顺利吗?你是坐火车来的吗?"

你回答说自己是从爱丁堡坐飞机来的,又说道:"哎,我的胳膊酸死了!"

这是一个老笑话(一个非常老的笑话),你是因为紧张才把它讲出来的。不过,其他

人还是笑了。他们笑是因为他们知道这是一个老笑话——而且他们完全知道什么是"爸爸辈的笑话"(不好笑的笑话)。每个人都听"懂"了你的笑话。科恩说,在这种情况下,笑话是一种对话的简化摘要,它快速实现了共同的理解,若非如此,人们需要相当长的时间和努力来表达才能达成这样的理解。于是,一个团体的边界被划定,在场的每个人都身在其中。

作为对照,想象一下,如果这个笑话没有让大家发笑的话,会是一种什么样的情形。也许人们会投来疑惑的目光。为什么你的手臂酸了?科恩认为,当一个笑话无法引人发笑时,所产生的错位感是非常突兀的。这是一次沟通的失败,是缺乏共同的文化试金石的结果,因此,你会感到被排斥。人们不仅没有听"懂"你的笑话,也没有"理解"你这个人。

笑话既能吸引听众也能将人拒之门外。它们可以让人进入一个圈子,加强友谊的纽带,也可以把人挡在外面,否认他们在圈子内的身份。更多时候,这些言语行为的作用是不同的,这取决于它们被说出来时的语境。一个涉及你对家庭历史以及你与你母亲、兄弟和隔代表亲之间关系的深入理解的笑话,可能会让你的兄弟姐妹们大吃一惊,并使你们之间的关系更加紧密。然而,

如果你当着朋友的面与你的兄弟姐妹开同样的玩笑可能会产生一种"我们和他们"的氛围，让人产生自己人和外人的感觉。

讲笑话是一项历史悠久的活动。无论笑话是否让你发笑，它们都会产生作用。幽默可以使人边缘化和沉默，也可以培养亲密关系和积极的群体认同。无论你怎么定义它们，笑话似乎永远都不只是笑话。

第16课 教育

思考可能是一项艰苦的工作。还记得你在学校做的那些数学题吗? 还记得你为了历史考试而背诵的那些名字和日期吗? 思考并不是一件轻松的事。这是一种特殊的活动,哲学家们称之为"认识劳动"(epistemic labour)。

偶尔,认识劳动者也会因他们的工作而获得报酬。例如,作者将自己的思考著书立说并出版发行,从而获得报酬,就像本书一样。但思考并不是最容易量化的东西,对吗? 通过提出这个问题,我们邀请你执行一项特定的任务——思考出一个解决方案,但它是那种可以用"劳动时间"来衡量的任务吗? 你的答案值多少钱? 这种关于数量、质量和价值的模糊性,可能意味着思考并不总是被理解为真正的劳动。因此,思考并不一定能让人得到合理的报酬,甚至不被认

可。理解这一点至关重要。

当面对受害者的证词时——比如说办公室欺凌,或者制度性的性别歧视,人们常见的反应是问:"我怎么才能帮上忙?""我能做什么?""告诉我你的经历。"这些问题都是善意的,源于人们想要改善不公正状况的愿望。遗憾的是,这些问题让受害者承担了提供答案的责任。正如奥黛丽·洛德在《年龄、种族、阶级和性别》(*Age, Race, Class and Sex*,1995)中所说的那样:

人们期望黑人和第三世界的人民去教育白人理解我们的人性。人们期望女性去教

育男性。压迫者得以维护他们的地位，逃避他们对自己行为的责任……

解释情况和思考解决方案的成本可能很高——当你在给别人讲述自己的痛苦时甚至更高。在《真实得让人心痛》（*So Real It Hurts*，2011）中，曼妮莎·麦克莱夫·马哈拉瓦尔（Manissa McCleave Maharawal）写道：我来告诉你，站在一个白人面前给他解释特权是什么感觉。这件事很痛苦，它让你感到疲惫。有时它让你想哭，有时它令人振奋，但每一次很艰难。

这是美国认识论者诺拉·贝伦斯坦（Nora Berenstain）所说的"认识剥削"的一个例子。这是一种强迫劳动，通常得不到承认，基本上没有报酬，而且情感上的压力大到身体都吃不消。在进行困难的讨论时，我们需要牢记这一点。我们是否对我们的对话者要求太高？我们的要求是否会让他们重新经历一次创伤？如果我们把所有的认识劳动都让他们来做，这合适吗？

自己动脑筋

认识剥削是一种常见的现象。在某种程度上，这是因为它是由打算"做正义的事情"的人实施的。这些满怀好意的人觉得自己"不过是问几个问题而已"，甚至"在满足无害的好奇心"。如果你指责他们的剥削行为，而他们"只是想帮忙"，那么他们真的有可能冲你发火——这种现象被称为"反击"。这些剥削他人的人，和我们并没有什么区别。

我们在不知不觉中剥削了别人，因为认识剥削是一种狡猾的行为。它常常表现为中立甚至是善意，让人难以区分。我们很容易滑向要求别人替我们思考。"告诉我……""你能解释……吗？""这怎么可能呢？"

幸运的是，我们可以采取一些措施来避免剥削他人的认识劳动。

认识论者克里斯蒂·多特森（Kristie Dotson）认为，首先要承认的是，经常被要求的证词——比如说对偏见和压迫的描述——已经存在。不管是书籍、杂志还是互联网，到处都有。当然，正如多特森所指出的，被边缘化的人的书面文字往往也会被边缘化——被排挤和压制，被排除在教学大纲和主流媒体之外。除此以外，人们还需要努力学习正确的搜索术语（如"认识剥削"和"认识不公"）。

解决这个问题的另一个方法是尝试改变"帮助"的概念。"我能帮什么忙？"这是一个诱导性的问题。它是单方面的，因为它暗示说话者以某种方式存在于问题之外。"我能帮什么忙？"忽略了这样一个事实：系统性的压迫（种族主义、性别歧视、残障歧视）不仅仅是直接受其影响的人的问题。最近关于"错误的男子气概"（toxic masculinity）的讨论表明，尽管受影响方式不同，但男人和女人一样也会受到性别歧视和厌女症的影响。例如，有一些有害的和惩罚性的男子气概标准，男性被期望能符合这些标准。男性避免将工作负担转移到女性身上的一个方法是男性自己要认识到自己也是"利益相关方"（关于这一点的更多信息，参见第13课"同舟共济"）。

认识剥削是一个教育问题。享有特权的人要求边缘群体的人对他们进行教育——而这种需求可以而且应该以其他方式得到满足。在解决认识剥削问题时，投资于公共教育是值得的。这是最近"课程非殖民化"项目的一个核心目标。伦敦东方和非洲研究学院（SOAS）的活动家们研究了世界各地的学校和大学的教学大纲，发现有色人种学生的课文非常少：就如同课程被"殖民化"了。课程主要内容是关于白人、男性的声音，谈论的主要是白人、男性的世界经验。这种现象也延伸到了中学和小学教育中——其结果是公众对有色人种的经验和理论的了解出现了差距。加强我们的教育系统将帮助我们避免认识剥削。那么，我们都应该问自己一个有用的问题："为什么我的课程被殖民化了？"

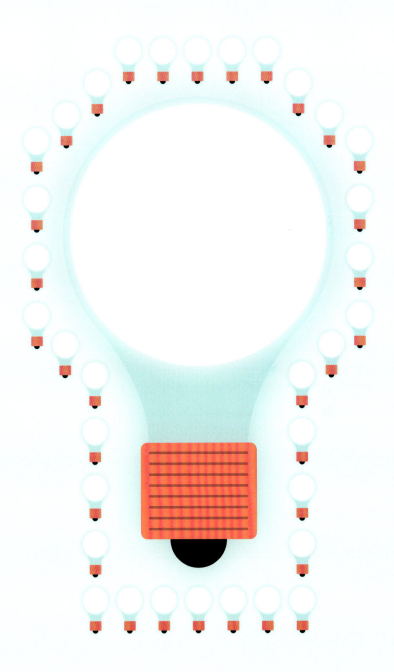

工具包

13

　　同盟关系指的是替他人"打抱不平"。团结则指的是找到与他人共同的事业。在与他人意见相左时，考虑共同关心的问题，以及眼下问题是否关乎双方的利益，是很有用的。

14

　　有时，通过简单的相处就能找到共同点。观点的转变往往是缓慢而间接的，因此与对话者一起用餐可能和重申自己的论点一样有效。

15

幽默划定了界限，既可以拒人于千里之外，也可以拉近与他们的距离。开玩笑时，要考虑它们对听众的影响。笑话要发挥作用，需要哪些共同的条件？

16

思考是一项艰苦的工作，而困难的对话可能需要大量的"认识劳动"。重要的是要考虑谁在对话中承担更大的责任。我们可以如何分配"认识劳动"，以及我们该如何改善我们的基础教育？

第5章

向前迈进

第17课　换个空间
物理空间在争论中可以发挥作用。

第18课　问题的力量
问题有时会终止对话。

第19课　从长计议
社交媒体是否会产生不利的互动?

第20课　自我关爱
自我关爱可以成为一种政治行动。

"翻白眼＝女权主义教育学。"

——萨拉·艾哈迈德

哲学书籍可能是有欺骗性的。打开一本哲学书，你会发现一堆论点整齐地摆在一页上。"甲这样说""乙那样说""关于丙的长期问题是这样那样"，诸如此类。我们很容易被欺骗，以为论点只是漂浮在永恒的天空中。不要被愚弄了，这不可能。讨论抽象的谈话是一个误区，因为即使我们的大脑有各种幻想，我们的谈话仍然是发生在现实中的。

回忆一下你最近一次的与人争论：它很可能是厨房桌子上的喊叫，或者电话里愤怒的嘟囔，或者双层公共汽车车顶的抱怨。不管是有争议的还是单调的对话，都发生在我们的日常生活中。虽然无法研究我们遇到的所有不舒服的经历，但本章重点探讨了"现实世界"中的具体情况，并研究了环境对争论的影响。我们将探索在困难的对话中调整节奏的方法。

在第17课"换个空间"中，我们讨论的主题是绝对素食主义。关于绝对素食主义、一般素食主义和肉食主义的对话是如何被对话的空间所影响的？在屠宰场和素食餐厅里，对话的进行会有不同吗？对话的物理空间显然会影响参与者的态度——但具体是如何影响的呢？

第18课"问题的力量"探讨了提问的机制，以及一个恰当的询问如何能使对话摆脱沉闷的气氛。问题是一个有多种用途的工具——它可以引出信息，但也可以使人们放松。在这一课里，我们将研究关于气候危机的争论，并考虑问题如何能够帮助对话的发展。

在第19课"从长计议"中，我们重温了第10课"慢慢来"中讨论的一个主题。我们将研究各种争论如何以狂热的、几乎无法控制的速度在社交网络中上演，并在有关安乐死的辩论中，探讨一种被称为"慢哲学"的立场可能具有的优点。

在本书的最后一课，我们将探讨"自我关爱"。虽然情况并非总是如此，但在有时候，谈话根本不值得进行。与意图打击你的人交谈需要付出太大的情感和心理代价，最好的做法是拂袖而去。在这一课，我们将研究关于被称为白人至上主义的社会制度的对话成本，以及避免这种讨论能带来的政治和个人效用。

很多时候，争论会陷入困境，或陷入无益的窠臼中。在本章中，你会学到改变局面和推动事情发展的策略。

第17课 换个空间

关于食物的争论很轻松。你可以争论如何做饭，争论什么东西好吃或不好吃。你可以就自己的食物的文化和健康等方面进行争论——因此，尽管"共同用餐"可能有好处，但集体用餐即使不会让人感到完全不舒服，也可能是分歧的来源，这一点也不奇怪。

想象一下：长期吃素的梅很害怕回家。每次她回去的时候，父母都要花很多时间准备一顿大餐，基本都是传统加勒比食谱中的食物：蟹肉蔬菜浓汤、红辣椒炖肉、烤猪肉和大虾，十分丰盛。每次她回家时，一家人都会就她吃什么和不吃什么发生争执。

梅：你知道我不吃肉！我不吃任何的动物制品。这是我的选择——我不想支持系统地杀害动物的食品工业。动物不是一种资源，它们是有知觉的生命，它们能感到疼痛。

阿尔维塔：你知道这是我们家的传统，这又不是什么垃圾食品。你的祖父母，还有他们之前的祖祖辈辈吃的都是这些食物。它们是你的历史，是你的文化遗产，是你和我们这个家身份的一部分。

这是一个虚构的场景，现实中的对话很少会如此清晰明确。然而，这当中的核心分歧是我们非常熟悉的。

一方面，梅提出了一个以关注动物福利为基础的伦理观点。和伦理学家卡罗尔·J.亚当斯（Carol J. Adams）和彼得·辛格（Peter Singer）的观点一样，梅认为无论什么物种，所有的痛苦在道德上都是相关的。食品工业中的肉食行为是以有生命的动物的工具化和大规模杀戮为前提的。梅认为口腹之欲抵不上它所造成的痛苦。这是一种"实用主义的计算"，她权衡了可能的幸福和可能的痛苦，认为素食主义是道德上最无可非议的反应。

另一方面，阿尔维塔则认为这些菜肴具有重要的文化意义。在谈论食物与他们的加勒比海遗产的相关性时，阿尔维塔与凯瑟琳·贝利（Cathryn Bailey）和鲁比·坦多（Ruby Tandoh）等作家的观点保持一致，他们认识到我们的饮食是构建我们的身份的深刻而有意义的方式。贝利认为，这对边缘化的社区可能特别重要，他们的烹饪遗产有时是记录和解决历史压迫的方式。

梅和阿尔维塔的观点都很有道理，这就是为什么这种争论如此难以解决。那么，他们如何才能富有成效地将对话进行下去呢？

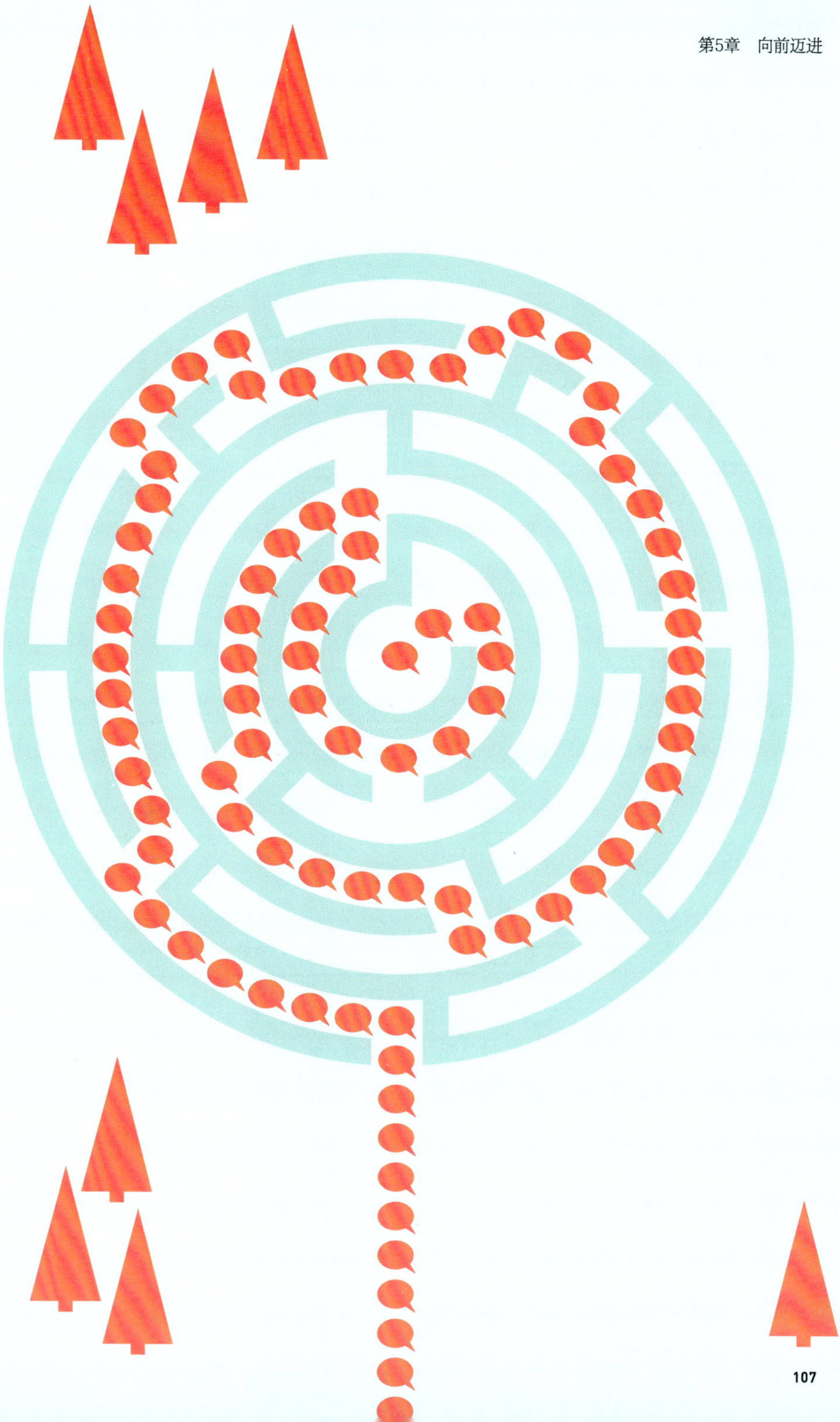

伙伴关系

显然，用餐时间是一个很好的机会，让我们聚在一起，叙旧并享受乐趣。然而，用餐空间并不是中立的空间——在争论和对话的过程中，地点起到了很大的作用。

例如，想想在自己家里和在公共汽车顶层争论的感觉有多不同。在教室里和在酒吧里呢？想一想不同的人与你所居住的空间的关系。谁在那里感到轻松舒适，这会如何影响他们的行为和语言？

当梅回家看望父母时，她进入了一个由她父母"制定规则"的空间。这是一个家庭，而她是个孩子，因此产生了某些权力动态。有些做法被认为是正常的（例如，吃肉），其他的做法（素食主义）则不是。行为被规范，特定的家庭规矩被执行，所有这些都影响到梅的行为和对家人她的素食主义的理解。如果是在由她付钱的素食餐厅里，她被指责

为"挑剔"的可能性要小得多。

在争论的推进过程中，你所处的位置与你所说的话一样，作用几乎相同。

认识到空间与阿尔维塔的论点的相关性也很有帮助。正如贝利指出的那样，遗产的标志对于少数民族移民社区来说特别重要——特别是当这些社区被更大的社会边缘化时。虽然蟹肉蔬菜浓汤可能不是每个英国家庭的常见食物，但在阿尔维塔的家庭里却是如此。传统可以培养归属感，这对移民和其他被边缘化的人很重要。因此，这些论点在加勒比地区可能有非常不同的共鸣。

家庭晚餐很可能不是进行这种争论的最佳场所。更多的理解或许会产生，但不是通过任何特定的争论策略，而是通过实际上的争论地点的变化。"去外面吵"的建议，听起来像是对争吵的邀请——但换个地方争论很可能是合理的建议。

法国理论家亨利·勒菲弗尔（Henri Lefebvre）和米歇尔·福柯（Michel Foucault）在《空间的生产》（*The Production of Space*，1974）和《纪律与惩罚》（*Discipline and Punish*，1975）等作品中讨论和发展了场所的力量。在前者中，勒菲弗尔认为我们的思维受到我们周围建筑的深刻影响；而在后者中，福柯展示了空间的情感维度（空间影响我们的方式）如何被用作施加政治和社会控制的一种方式。你所在的地方可以限制你的思想，决定你认为可能的事情。

梅和阿尔维塔之间的争论可能永远不会有结果，但地点的改变可能会带来彼此更大的理解。去一家素食餐厅可能不会改变阿尔维塔对家常菜的文化重要性的看法，但这可能会帮助她从梅的角度看问题。

第18课　问题的力量

问题是一种具备多种功能的工具。至少，这是认识论者拉尼·沃森（Lani Watson）在她的论文《好奇心和探究性》（*Curiosity and Inquisitiveness*，2018）中提出的观点。沃森说，我们可以用问题来获取信息，相互交流，表示关切，表达自己，发出声音，以及做许多其他的事情。

想象一下下面的情景。你坐在办公室里，一个同事走了进来，大声宣布他刚刚订了去巴巴多斯的机票，还说："我不关心什么气候变化的事情！"

也许，和你的同事一样，你认为气候变化的辩论只是空话而已。也许你会点点头，然后继续做你的事。遗憾的是，科学证据压倒性地表明，全球变暖是一个非常真实和非常危险的环境现象。政府间气候变化专门委员会（IPCC）已经就航空旅行对海平面的影响发出了多次警告，而且越来越明显的是，作为一个星球，我们正处于不断恶化的"气候危机"之中。

考虑到这一点，你同事的评论可能会让你感到不安。对此，你会有何反应？也许你决定最好还是保持沉默，少管闲事。或者，你觉得有必要说他两句？

于是，你问道："你是认真的吗？你不认为气候危机是我们这个时代最紧迫的问题之一吗？难道你不知道，除非我们停止全球变暖，否则海平面将上升，地球上将会洪水滔天……"

在某些方面，这些问题根本就不是真正的问题。"你是认真的吗？"是一种修辞手法，暗示你的对话伙伴实际上不可能是认真的。就像"你在开玩笑吗"和"你在笑吗"，这些问题的目的是对他们的观点表示质疑。同样地，"你不觉得……吗？"也不是一个真正的问题。它是一种陈述或重申自己立场的方式。你实际上不想知道你的对话者在想什么，你是想告诉他们你的想法——也许是想表达对他们没有同样想法的嫌弃。

你的同事听到你语气中的蔑视，可能会感到羞愧，取消他们的航班。也许他们会承认自己的言论是轻率的，并承认全球变暖问题是不应该拿来调侃的。然而，你高高在上的指责也可能会使他们更加抵触，在受到批评后，他们可能会"变本加厉"地坚持他们原来的立场。使用这类非问句是一种危险的策略。嫌恶和蔑视不一定能促成更有成效的对话。

"你能多给我讲讲吗？"

有些问题可以产生积极的结果，促进理解。达伦·切蒂和朱迪思·苏伊萨（Judith Suissa）在他们的文章《"禁区"：调查社区中的种族主义和不适》（*"No Go Areas"：Racism and Discomfort in the Community of Inquiry*, 2016）中，特别强调了一个问题："你能多给我讲讲吗？"

如果与你的同事的谈话变得困难或让人不舒服，"你能多给我讲讲吗？"可能会帮助你获得更大的理解。与其问他们是否"当真"（使用一个非问题），你可以要求他们告诉你更多关于他们对气候变化的看法。这是一个开放的、真诚的邀请，与反问式的"你在开玩笑吗？"相比，它能产生知识。例如，你的同事可能会与你分享他们对气候变化话语中的种族政治的看法："对航空旅行的禁令不公平地歧视那些想去其他国家探亲的移民。全球变暖是西方工业发展历史的结果。为什么那些造成问题的人——而且已经从这些工业进步中获益的人——可以禁止其他国家做同样的事情？"

这就是"你能多给我讲讲吗？"这个问题所能引出的重要信息。而且与"你在开玩笑吗？"相比，它显示了一种倾听的意愿。拉尼·沃森说这表达了想"保持对话"的意愿。因此，这个问题促进了信任，加强了两个说话人之间的联系。

切蒂和苏伊萨还指出，"你能多给我讲讲吗？"与"为什么"类型的问题有着至关重要的区别。与"为什么？"不同的是，"你能多给我讲讲吗？"并不要求对方说明原因。

如果你在回应你同事刚开始那几句话时，抛给他们一个"为什么"的问题——"你为什么这么认为？"——你就是在要求他们解释自己。这是一种胁迫性的、傲慢的方法，它将你自己定位为同事需要答复的人。虽然对这种说法进行了解很重要，但"你能多给我讲讲吗？"更为开放，因此会带来更多的信息，不太可能造成对抗。

提出一个真正的问题也能在说话者之间营造对等的气氛。你或许希望你的同事解释自己的看法。你自己也可能同样想解释，为什么他们对气候变化的漠视是错误的。正如切蒂和苏伊萨所指出的，这样做是会创造另一种不对称的权力关系。你将自己定位为"知情人士"。你的同事则被定位为需要接受"教育"的人。

在提问时，一个好的"启发式"（经验法则）方法是考虑你是否足够了解对方的立场，以便以一种能让他们满意的方式重复它。这是一个有用的原则，可用来提出你所问的问题。你需要收集足够的信息才能避免仓促做出判断，"你能多给我讲讲吗？"可以让你做到这一点，同时也显示出信任、团结和参与的意愿。

社交媒体

大的、狂

网络。

创造了巨
热的对话

第19课　从长计议

如今，几乎每个人都在网上交流。我们大量的对话都发生在社交网络中，如脸书①（Facebook）、推特、照片墙（Instagram）和油管（YouTube）。这些社交媒体太强大了，只要按下一个按钮或划一下屏幕，你就可以把你的各种想法发送到无限的互联网上，让数百万人阅读、点赞和评论。

诸如此类的技术已经带来了具有惊人潜力的对话网络。互联网将使我们自由……或者至少我们都相信这一点。

然而，社交媒体并不是有百利而无一害。有时人们感觉好像自己在网上说的任何话都有被反击的风险。由于用户可以任意参与火药味十足的交流，甚至是纯粹的、无意义的挑衅（又称"嘲弄"），社交网络成为有害分歧的温床。

很多社会学家认为，网上分歧的暴力是社交系统界面的一个功能。脸书和推特强迫我们以特定的方式进行互动，这种方式往往与富有成效的对话背道而驰。认识论者C.诗阮（C. Thi Nguyen）鼓励我们思考"回声室"（echo chambers）的现象。系统推送

"新闻提要"的算法建立在你的在线偏好之上，并向你提供强化自己原有观念的信息，而不是质疑它们（形成了"回声室"和"过滤气泡"）。这种现象再加上"取消好友"（屏蔽自己不同意的意见）等功能，导致了狭隘和观点的进一步两极化。

如果这还不够糟，那还有社交媒体的狂热节奏？你有多少好友？有多少关注者？他们都在发布评论和图片，创造了计算机科学家保罗·德拉特（Paul de Laat）所说的一种重量级轻质量，明显过度活跃的沟通方式。除此之外，我们不断被弹出的广告所困扰，被收到电子邮件和推特信息时"叮叮"声所骚扰——虽然信息流吸引着你（这正是它的目的），但它不一定能促进仔细分析。

香农·瓦洛（Shannon Vallor）在《社交网络与伦理》（*Social Networking and Ethics*，2015）中阐述了他的担忧：这种对数量而非质量的强调以及对反对声音的压制，损害了我们彼此之间的对话方式。它让对话的方式背离"协商式公共理性"。它让我们交谈，却无法增进理解。

---

① 现改名为元宇宙。——编者注

推特

@TalkingSense99
我的表弟不被允许结束自己的生命——为什么他要受苦？＃
安乐死合法化

@SpeakingOut434
你认为谋杀也应该被合法化吗？

@TalkingSense99
不是一回事。

@SpeakingOut434
还有其他你想践踏的人权吗？

@TalkingSense99
宗教狂人。

"太长了，不看了"

互联网的繁忙和惊人的快节奏与哲学家米歇尔·布洛斯·沃克提倡的"慢"哲学的要求背道而驰。沃克与玛吉·伯格（Maggie Berg）和芭芭拉·西伯（Barbara Seeber）等理论家的观点一致，认为我们需要认识到哲学思想的时间特征。哲学意味着"对智慧的爱"，"爱"意味着关心和关注。哲学研究的重点并不是通过想法来运行，三下五除二便提出一个快速修复的"解决方案"。沃克认为，重点落在思想上，沉思、反思、和复杂化而不是简单化。

就如同巧克力一样，如果你喜欢巧克力，你不会囫囵吞枣地吃完它。你会细细品味它，你让它在你的舌头上融化。你会努力品尝出它的各种复杂的味道。如果你爱巧克力，你会花时间去欣赏它的微妙之处——当你从事哲学研究时也是如此。沃克钦佩地引用了弗吉尼亚·伍尔夫（Virginia Woolf）的文章《如何去阅读一本书》（*How Should One Read A Book*，1925）："等待阅读的尘埃落定；等待冲突和质疑平息；散步、谈话、拔掉玫瑰上的枯萎花瓣，或者沉沉睡去……"

有人会说，这种反刍的方法是那些有可支配时间和（相应的）金钱的人的专利。不是每个人都能像文学爱好者一样漫步，漫无目的地在文本的后街徘徊。此外，有时事情紧迫（正如我们在第10课中所讨论的）。需要偏激的言论，需要采取行动。甚至可以说，某些讨论应该被完全阻止，以避免给有害的观点提供合法空间。

然而，放慢脚步仍有价值。不是每个人都有资源参与这些网上的讨论，这是不公平的，也说明了更广泛的社会弊端，但那些有资源的人将从思想性更强的互动中受益。这不一定意味着需要经年累月的仔细研究。它可以是只花一个晚上的深思熟虑，或者多花几分钟时间阅读一篇博文。你会对一个想法有更深入的认识——这样做也能使你不那么容易发表草率的意见和产生抵触情绪。你可能没有时间去拔掉"玫瑰的枯萎花瓣"，但让众说纷纭的尘埃落定，并抵制想要连珠炮式回应的诱惑，确实能帮助你更有成效地进行交流。

🐦 **推特**

@SpeakingOut434
嘿，@TalkingSense99 对不起，我刚才的态度不好。我对你表弟的事很遗憾。

@SpeakingOut434
有不同的理由认为安乐死是错误的，但并不是所有的理由都是因宗教而起的。

@SpeakingOut434
身兼学者和活动家的哈丽特·麦克布莱德·约翰逊（Harriet McBryde Johnson）认为，安乐死是"残疾歧视"。

@SpeakingOut434
她指出，当一个残疾人考虑安乐死时，人们普遍认为他们的选择是理性的（他们不值得活下去）……

@SpeakingOut434
……但当一个健全的人说同样的话时，这就是一个"悲剧"，并竭力劝阻他们"自杀"。

@SpeakingOut434
为什么一种情况下是"自杀"，另一种情况下就是"安乐死"？

@SpeakingOut434
安乐死导致残疾人得到他人对自杀行为的协助，却没得到可以使他们生活得更好的支持。

第20课　自我关爱

你可以从不同的角度来处理意见分歧。你可以广泛征求意见，或解决一个背景无知的问题。你可以将对话转移到另一个空间，或换一种不同的、更有情感的语气。你可以做许多事情来让争论变得更有质量。然而，有时——这一点非常重要——你只需要转身离开。

2017年，英国记者雷妮·埃德-洛奇（Reni Eddo-Lodge）写了一本名为《为什么我不再和白人谈种族问题》（*Why I'm No Longer Talking to White People About Race*）的书。她在书中写道："我不再与白人就种族话题进行交流。不是所有的白人，只是绝大部分拒绝存在承认结构性种族歧视及其症状的人。"

她描述了一种普遍的行为模式，在与白人谈论种族问题时，她反复经历了这种模式：他们否认制度性种族歧视的有害影响，以及无法对那些遭受这些影响的人产生同情。她分析了教育责任是如何被推到边缘化群体的身上的，并研究了这些对话给有色人种带来的风险，他们需要小心翼翼地避免激起像"愤怒的黑人"这样的种族歧视的陈词。面对这些障碍，埃德-洛奇决定不再参

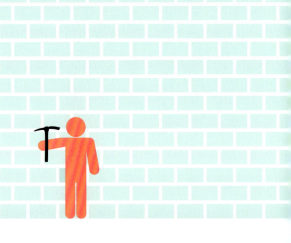

与这些对话。

　　萨拉·艾哈迈德在她的《过上女权主义生活》(*Living a Feminist Life*，2017) 一书中研究的正是这种经历——被反复诋毁，被攻击和无视。艾哈迈德使用了"砖墙"一词。在参与对话时，我们可能会"碰上砖墙"，并有"以头撞墙"的经历。这是一个令人痛苦的现象——反复撞到一个坚硬的、不可移动的物体。艾哈迈德写道："墙自岿然不动，所以疼痛的人是你。"白人至上的体制像砖墙一样坚硬无比，一次又一次地撞击它，只会给自己造成伤害。

　　墙经常出现在制度背景下——工作场所或学校，有人试图解决问题或与现状作斗争(例如系统性的种族主义)。这堵墙是一个"防御系统"，修建它的目的是防止对"正常"社会结构的质疑，有些人经历过，有些人没有。艾哈迈德说："你要面对别人看不到的东西，而且更难的是你要面对的是别人经常努力不去看的东西。"白人从制度性的种族主义中获益，所以他们不仅对其影响一无所知，而且还乐于维护其现状。

　　进行这样的对话是令人痛苦和疲惫的。不断地尝试和修改现有的制度是很累人的。这些讨论显然是重要的，但正如埃德－洛奇所指出的，它们也是危险的——对一些参与者来说更为危险，以至于保护自己成了一种必要。有时，转身离开是最明智的行动方案。

"照顾好自己"

我们生活在到处都是不平等的社会里。我们是否有义务站出来，呼吁反抗不公平和有偏见的政策？我们是否有责任让自己和他人承担责任？总的来说，道德和政治哲学家们认为我们应该这样做，但一直以来，却很少有人研究这种义务——例如成为"热心公民"的义务，如何对不同的人产生不同的影响。以萨拉·艾哈迈德和埃德-洛奇为代表的思想家们已经证明了一些人如何比其他人面临更大的"活动家倦怠"的风险。政治行动的成本对每个人来说都是不一样的。因此，在关于政治行动的对话中，"自我关爱"的理念正变得越来越突出。

什么是自我关爱？它不仅仅是一个舒缓的泡泡浴，或一个收看你最喜欢的电视节目的轻松夜晚。它不仅仅是一个"照顾好自己"和不参与无聊的政治讨论的问题。至少对某些人来说，自我关爱本身可以作为一种抵抗行为。学者、活动家和诗人奥黛丽·洛德阐述了这一思想。在她的散文集《一束光》（*A Burst of Light*, 1989）的后记中，她写道："关爱自己不是自我放纵，而是自我保护，这是一种政治战争的行为。"

对压迫制度的反抗不仅仅是继续对话和交锋（"为正义而战"）。反抗或许是一个事关生存的问题。艾哈迈德在延伸了洛德的思想，她说："当你不应该在你所在的地方，和你在一起的人，过现在这样的生活，那么生存就是一场激进的行动。"对于被剥夺权利的人来说，自我关爱就像口头争论一样，或许是一种反抗的行为。如果你是同性恋，生活在一个仇视同性恋的社会中就是一种危险的行为，就像生活在纳粹德国对犹太公民来说是一种危险的行为一样。

有时，改变他人思想的最好方法可能不是通过谈话。你可以通过远离争论来作为回应。除了自我关爱外，保留自己的精力也可以是一个重要的争论举措——特别是当你被要求承担过多的谈话负担时。2017年，埃德–洛奇宣布她将不再与白人谈论种族问题，这样做引起了人们对结构性种族主义普遍存在的关注。2016年，萨拉·艾哈迈德辞去了她在大学的职位，以抗议体制性的性别歧视和校方不愿意解决这个问题的态度。自2016年以来，女权主义和支持女权主义的活动家们一直在组织世界性的活动，统称为"国际妇女罢工"（International Women's Strike），以抗议普遍的性别不平等。这些都是回应僵化和毫无效果的辩论的激进行为。

为了使对话富有成效，某些东西需要到位。如果你的对话者不能或不愿意倾听，或不愿意面对他们自己的无知，那么就应该保留自己的精力去进行其他对话。确定"富有成效的分歧"的必要条件是否真的存在，是对话中最大的挑战之一。

工具包

17

　　在处理意见分歧的过程中，你身处的位置与你所说的内容一样，可以起到很大的作用。考虑导致分歧的不同因素（地点、语气、历史等），以及是否有更好的环境来进行这种对话。

18

　　如果有人说了一些冒犯性的话，那么你立刻退出谈话并无不妥，但如果你有精力，考虑哪些问题可能会为谈话打开新的途径。

19

我们很容易就陷入激烈的交流之中，在没有适当考虑的情况下就说了一些话。放慢谈话的速度可以帮助澄清分歧，使谈话在情感上更能维持。

20

偶尔，谈话会太难进行。重要的是要认识到你有多少精力可以付出。考虑有哪些利害关系，以及这次谈话对你的健康会有什么影响。如果它造成的伤害太大，你就转身离开。

参考文献

Linda Martín Alcoff, 'The Problem of Speaking for Others' (Cultural Critique, 1991)

Bhimrao Ambedkar, 'The Annihilation of Caste' (Undelivered Speech, 1936)

Simone de Beauvoir, *The Second Sex* (Alfred A Knopf Inc, 1949)

Megan Boler, *Feeling Power: Emotions and Education* (Routledge, 1999)

Nicholas Burbules, 'Being Critical About Being Critical' (Democracy and Education, 2017)

Ted Cohen, Jokes: *Philosophical Thoughts on Joking Matters* (University of Chicago Press, 1999)

Benjamin Constant, *Principles of Politics* (1815)

René Descartes, *Meditations on First Philosophy* (1641)

Ann Diller, 'Facing the Torpedo Fish' (Philosophy of Education, 1998)

Michel Foucault, *Discipline and Punish* (Gallimard, 1975)

Marie-Luisa Frick and Andreas Oberprantacher, 'Shared Is Not Yet Sharing, Or: What Makes Social Networking Services Public?' (International Review of Information Ethics, 2011)

Georg Wilhelm Friedrich Hegel, *The Phenomenology of the Spirit* (1807)

Waheed Hussain, 'The Common Good' (*Stanford Encyclopaedia of Philosophy*, 2018)

Harriet McBryde Johnson, 'Unspeakable Conversations' (*The New York Times*, 2003)

Immanuel Kant, *Critique of Pure Reason* (1781)

Jamaica Kincaid, *A Small Place* (Farrar, Straus and Giroux, 2000)

Paul de Laat, 'Trusting Virtual Trust' (Ethics and Information Technology, 2006)

Robin Lakoff, 'The Logic of Politeness, Or: Minding Your P's and Q's' (Papers from the Ninth Regional Meeting of the Chicago Linguistics Society, 1973)

Henri Lefebvre, *The Production of Space* (Basil Blackwell, 1974)

Adam Lefstein, 'Dialogic Teaching: A New, Ancient Idea' (The Moshinsky Conference for School Principals, 2013)

Genevieve Lloyd, *The Man of Reason* (Methuen, 1984)

Audre Lorde, *A Burst of Light: and Other Essays* (Dover Publications, 1989)

Manissa McCleave Maharawal, 'So Real It Hurts' (Left Turn, 2011)

Herbert Marcuse, *One-Dimensional Man* (Beacon Press, 1964)

Vivian May, 'Trauma in Paradise' (Hypatia, 2006)

Nadia Mehdi, '"Just a Joke": On Joking and Oppression' (draft)

C. Thi Nguyen, 'Echo Chambers and Epistemic Bubbles' (Episteme, 2019)

John Rawls, *Theory of Justice* (Belknap, 1971)

Phyllis Rooney, 'Philosophy, Adversarial Argumentation and Embattled Reason' (Informal Logic, 2010)

Amelie Oksenberg Rorty, 'Persons and Personae' (The Person and the Human Mind, ed. Gill, 1990)

Jean-Jacques Rousseau, *The Social Contract* (1762)

Madeleine de Scudéry, 'Of Politeness' (*Conversations nouvelles sur divers sujets*, 1684)

Rebecca Solnit, *Men Explain Things To Me, And Other Essays* (Haymarket Books, 2014)

Elizabeth Spelman, *Inessential Woman* (Beacon Press, 1988)

Gopal Sreenivasan, 'Understanding Alien Morals' (Philosophy and Phenomenological Research, 2001)

Ruby Tandoh, *Eat Up* (Serpent's Tail, 2018)

Deborah Tannen, *The Argument Culture* (Little Brown, 1998)

Joyce Trebilcot, 'Dyke Methods' (Hypatia, 1988)

Shannon Vallor, 'Social Networking and Ethics' (Stanford Encyclopaedia of Philosophy, 2015)

Michelle Boulous Walker, *Slow Philosophy* (Bloomsbury, 2016)

Lani Watson, 'Curiosity and Inquisitiveness' (*The Routledge Handbook of Virtue Epistemology*, 2018)

Mary Wollestonecraft, *A Vindication of the Rights of Women* (1792)

Virginia Woolf, 'How Should One Read A Book?' (*The Common Reader*, 1925)

后 记

亚当:我们的书已经写完了!我们所有的想法都在书中,可以供全世界的人们阅读。你感觉如何?有什么遗憾吗?

达伦:有。有些时候,当我读到一些章节时,会想象读者说:"嗯!但你有没有想过X?"有时我们已经考虑到了X,但为了简洁起见,我们决定不写它。而有时我们根本就没有考虑过X。因此,从某种意义上说,我感到遗憾的是,本书不能更多地与读者进行面对面的交流。你呢?

亚当:我还是老样子,觉得凡事都有遗憾!但我对这本书的结果相当满意。我希望我们为人们留下了一些精彩的思考线索,如果他们有兴趣的话,可以继续研究。我最大的遗憾是未能将某些话题收入书中。对于是否要把关于以色列和巴勒斯坦的讨论,还有跨性别权利的讨论写进书中,我们争论了很久——也许我们过于谨慎了吧,但最后还是舍弃了这一部分。你认为书里有会让读者感到不舒服的话题吗?

达伦:以前,我经历过人们因讨论种族主义而怒气冲冲的情况。我也体会过他人对我的敌意。但通常情况下,坚持这些对话并承认自己的不适感的人都会改变他们的观点。

亚当:想要逃避某些对话是很容易的。有时这是无可厚非的——比如说,如果一个偏执狂对你大喊大叫。虽然我承认留在分歧中会有很多收获,但我注意到的是,当你的对话者是在一起共同生活的人时,对话会更有成效。你没有那么多的精力去和陌生人进行有意义的谈话——你还不如结束谈话,然后回家看电视。如果你和你的对话者在一起生活,动态就会改变。如果你们意见不合,你最好能让你们的分歧产生成效,否则这将是一个问题。

达伦:我同意。例如,在一段关系中,由于两个人居住在一个共同的空间里,所以对谈话的结果有共同的兴趣。但这不也适用于其他共享空间吗?比如工作场所?也许甚至是城市? 这个世界? 在某种意义上，我们不都是"彼此生活在一起"的吗?

亚当: 说得好。我想这是我们在所有的对话中都应该考虑的问题。我是否要全身心地投入这场争论中? 抑或是我只把它当作一场游戏或一场我可以离开的争吵来参与?

达伦: 我认为我们正在见证一种将分歧当成是看热闹的想法的崛起。如今，公开争论就像游戏表演。政治对话也已经沦为一种零和游戏，总有一个赢家和一个输家。"热度"已经变得比"亮度"更重要。"热度"、愤怒、好斗的风格大受欢迎，结果不过是饮水机旁的闲聊和社交媒体上的分享。我想最好的分歧，虽然可能包含戏剧性的时刻，但不可能是最好的戏剧性场面。

亚当: 看起来确实如此。考虑到世界的状况和当代政治，很容易认为事情只会变得更糟。

达伦: 我不认为那是必然的。我认为本书展示了一些有用的进步方式。我希望我们没有让读者以为对话是解决世界上所有问题的方法，而是让他们认识到了富有成效的分歧是有可能实现的。

亚当: 是的，或许吧……

达伦: 你听起来没什么信心呀。你能多给我讲讲吗?

作者简介

亚当·费尔纳（Adam Ferner）

曾在法国和英国从事哲学学术研究，但更喜欢在学术界以外的青年中心及其他教育机构工作。曾发表过多篇文章，并出版过四本著作：《有机体和个人身份》（*Organisms and Personal Identity*）、《生活中的哲学课》（*Think Differently*）、《别害怕分歧》（*How to Disagree: Negotiate Difference in a Divided World*），以及《速成课程：哲学》（*Crash Course: Philosophy*）。

达伦·切蒂（Darren Chetty）

曾发表关于哲学、教育等方面的学术作品，是《模范移民》（*The Good Immigrant*）一书的撰稿人。曾合著图书《什么是男性气质？》（*What Is Masculinity? Why Does It Matter? And Other Big Questions*）与《别害怕分歧》（*How to Disagree: Negotiate Difference in a Divided World*）。曾任小学教师、大学教学研究员，并组织成立针对青少年和成年人的非正式教育团体，曾为教育工作者开设儿童哲学方向的课程。

推荐阅读

◆ 岸见一郎·勇气系列 ◆

活在当下的勇气
ISBN：978-7-5046-9021-0

爱的勇气
ISBN：978-7-5046-9237-5

◆ 畅销书作者系列 ◆

了不起的学习者
ISBN：978-7-5236-0076-4
作者：沈文婷

好习惯修炼手册
ISBN：978-7-5046-9579-6
作者：桦泽紫苑

◆ 大众科普书系列 ◆

身体的秘密
ISBN：978-7-5046-9700-4
作者：丹尼尔·M.戴维

睡眠之书
ISBN：978-7-5046-9601-4
作者：妮科尔·莫思斐

◆ 敏感系列 ◆

◆ 女性成长系列 ◆